Weihnachten – Das Wagnis der Verwundbarkeit

Hildegund Keul

Weihnachten –
Das Wagnis
der Verwundbarkeit

Patmos Verlag

VERLAGSGRUPPE PATMOS

PATMOS
ESCHBACH
GRÜNEWALD
THORBECKE
SCHWABEN

Die Verlagsgruppe
mit Sinn für das Leben

Für die Schwabenverlag AG ist Nachhaltigkeit ein wichtiger Maßstab ihres Handelns. Wir achten daher auf den Einsatz umweltschonender Ressourcen und Materialien.

Bibliografische Information der Deutschen Nationalbibliothek
Die Deutsche Nationalbibliothek verzeichnet diese Publikation in der Deutschen Nationalbibliografie; detaillierte bibliografische Daten sind im Internet über http://dnb.d-nb.de abrufbar.

2. Auflage 2014

Umschlaggestaltung: Finken & Bumiller, Stuttgart
Umschlagabbildung: Rembrandt Harmensz. van Rijn: Die Flucht nach Ägypten, 1627, Tours, Musée des Beaux-Arts
Druck: CPI – Ebner & Spiegel, Ulm
Hergestellt in Deutschland
ISBN 978-3-8436-0440-6 (Print)
ISBN 978-3-8436-0441-3 (eBook)

Gewidmet allen Helferinnen und Helfern, die sich im Sommer 2002 und 2013 an Elbe, Donau und weiteren Flüssen bereitwillig für Andere engagiert haben.

Inhalt

Geboren werden: ganz neu und ganz verletzlich sein

Die Weihnachtsgeschichten der Bibel faszinieren. Auch heute noch rühren sie alljährlich unzählige Menschen an, ob sie nun zur Kirche gehören oder nicht. Selbst wer die Bibel niemals zur Hand nimmt und in ihr liest, hat von den Ereignissen rund um die Krippe wahrscheinlich schon gehört. Zwar leeren sich die Kirchen in Mitteleuropa, aber an Weihnachten füllen sich ihre Räume. Woher kommt diese faszinierende Kraft?

Die wichtigste Rolle spielt hierbei das neu geborene Kind, um das sich an Weihnachten alles dreht. Neugeborene haben etwas Anrührendes. Sie sind so winzig, schutzbedürftig und verletzlich – und zugleich voller Wärme, Zukunft und Lebendigkeit. Gerade erst zur Welt gekommen, ist ihr Leben noch ganz unverbraucht. Alle Chancen auf Wachstum, Erblühen und Neubeginn liegen vor ihnen. Sie wecken Hoffnung und zaubern ein Lächeln ins Gesicht. Denn alles fängt neu an. Mit jeder Geburt erneuert sich das Leben.

Zugleich zeigt jedes Neugeborene, wie ungeheuer verletzlich das Leben ist. Bei Zeugung, Schwangerschaft und Geburt kann so schnell etwas schiefgehen. Unzählige Kinder sterben schon vor der Geburt oder überleben nur wenige Tage. Nicht jedes Kind wird freudig begrüßt, wenn es zur Welt kommt. Viele werden vernachlässigt und bekommen nicht das, was sie zum Leben brauchen. Und wie hilfsbedürftig diese Winzlinge sind! Ohne die tatkräftige Zuwendung anderer Menschen stirbt ein Säugling in kürzester Zeit. Selbst wenn ein Glas Wasser direkt neben ihm steht, wird es verdursten, wenn niemand ihm dieses Wasser reicht.

Auch Jesus, das Kind in der Krippe, ist verwundbar. Es kann sich nicht selbst schützen vor den Unbilden des Wetters, vor dem gefährlichen Angriff wilder Tiere oder vor der Gewaltsamkeit anderer Menschen. Es zeichnet das aus, was die Wissenschaften heute »hohe Verwundbarkeit« nennen. Um leben zu können, braucht das Kind den Schutz, die Unterstützung und die hingebungsvolle Zuwendung anderer Menschen. Hiervon erzählen die Weihnachtsgeschichten. Sie führen die Verletzlichkeit des neu geborenen Lebens vor Augen – und die verblüffende Bereitschaft von Menschen, diesem Kind bedingungslos Schutz, Zuwendung und Liebe zu schenken.

Da sind Maria und Josef, die sogar ihr eigenes Leben riskieren, um Jesus den Aufbruch ins Leben zu ermöglichen. Ähnlich verhalten sich die Sterndeuter, die aus einem fernen Land auf gefährlichen Wegen nach Betlehem kommen. Auch die armseligen Hirtinnen und Hirten tragen dazu bei, dass das neue Leben Fuß fassen kann. Bereitwillig verschenken diese Menschen das, was ihnen zur Verfügung steht. Sie tragen zu einer Kultur des Teilens bei, die Leben eröffnet.

Aber nicht nur die Menschen reagieren an Weihnachten auf ihre Verwundbarkeit. In dem neugeborenen Kind kommt Gott zur Welt, so sagt es der christliche Glaube. Gott wird geboren als Mensch. Damit stellt er sich jener Verwundbarkeit, der alle Menschen ausgesetzt sind. Dies ist ein Wagnis. Gott schafft nicht nur eine äußerst zerbrechliche Welt – und überlässt sie dann ihrem Schicksal. Sondern in Jesus Christus stellt sich Gott selbst der Verwundbarkeit. Und das aus freien Stücken. Die Geburt als Mensch aus Fleisch und Blut macht Jesus verletzlich. Das zeigt bereits das Neugeborene in der Krippe. Und Jesus wird tatsächlich verwundet, wird gemartert und gekreuzigt bis in den Tod.

Die Weihnachtsgeschichten sind ein Lehrstück darüber, wie Menschen mit der Tatsache umgehen, dass sie verletzlich sind – sie selbst und die Anderen, mit denen sie zu tun haben. Diejenigen, die sich hingebungsvoll dem Neugeborenen widmen und sich damit verwundbar machen, spiegeln das, was Gott in der Menschwerdung tut. Sie werden Mensch, indem sie Hingabe wagen. Aber man kann auch ganz anders reagieren. Das zeigen der König Herodes, der das Neugeborene töten will, und die Menschen in der Herberge, die nicht zum Teilen bereit sind.

Wenn man den Blick auf die Frage richtet, wie Menschen mit ihrer Verwundbarkeit umgehen, dann verlieren die biblischen Geschichten ihre ganze scheinbare Naivität. Die Krippe ist keine Idylle, keine Utopie einer heilen Familie mit schmückenden Accessoires wie sanftmütigen Hirten, jubilierenden Engeln, wunderschönen Frauen und reich geschmückten Königen. Vielmehr erzählen sie ergreifende Geschichten darüber, wie Gott und die Menschen mit der Verletzlichkeit humanen Lebens umgehen.

Das Weihnachtsfest macht »Verwundbarkeit« zum Schlüsselwort christlicher Gottesrede. Es handelt von Schwangerschaft und Geburt, Verfolgung und Flucht, Gleichgültigkeit und Wagemut, Gewalt und Engagement. Befragt man diese Geschichten danach, was sie in Fragen der Verwundbarkeit zu sagen haben, so erscheint das Weihnachtsfest in neuem Licht. Erzählend geht es Fragen nach, die uns auch heute noch bewegen. Wo ist es notwendig, dass ich mich schütze? Und wo ist es wichtig und richtig, dass ich Hingabe wage?

Um diese Fragen bewegt sich das Buch, das Sie in Händen halten. Es geht einen ungewöhnlichen Weg, um sich dem Kind in der Krippe zu nähern. Es schaut nicht zuerst auf Jesus, sondern auf die Menschen in seinem Umfeld. Mit der Verwundbarkeit eines Neugeborenen konfrontiert, verhalten sie sich ganz unterschiedlich. Und dieses Verhalten entscheidet darüber, wie weit sie von der Krippe entfernt sind oder wie mutig sie sich ihr nähern.

Zunächst stellt das Buch jene Gruppe von Menschen vor, die nicht zur Hingabe bereit sind und daher auch nicht zur Krippe kommen: die Herbergsleute, die Schriftgelehrten und Hohenpriester, den König Herodes. Anschließend rückt das wagemutige Engagement jener Menschen in den Blick, die ihre eigene Verwundung riskieren: die Hirtinnen und Hirten, die Sterndeuter sowie allen voran Maria und Josef. Aber auch Gott geht das Wagnis der Verwundbarkeit ein, indem er Mensch wird im Kind, das in der Krippe liegt. Dieses dritte Kapitel geht über Weihnachten hinaus in das weitere Leben Jesu hinein. Sein gewagtes öffentliches Auftreten macht ihn verwundbar bis zum Tod am Kreuz. Das Abschlusskapitel geht der Frage nach, was die Botschaft von Weihnachten heute zu sagen hat. Denn Fragen nach Verwundung und Heil, Selbstschutz und Hingabe sind aktueller denn je – im persönlichen Leben, in politischen Konflikten, in sozialen Herausforderungen.

1. Selbstschutz – wie Menschen alltäglich mit ihrer Verwundbarkeit umgehen

Menschen sind fragile Wesen. Sie sind verwundbar. Sie haben einen Körper und eine Seele, die auf vielfache Weise Schaden erleiden können. Da Wunden aber Schmerzen hervorrufen und das Leben behindern oder gar zerstören, wollen die Menschen sie vermeiden. Sie schützen sich vor Verwundung. Das ist ganz alltäglich der Fall. Menschen bauen Häuser aus Stein, um vor Wind und Wetter, Tier und Mensch geschützt zu sein. Sie legen Vorräte an, um sich für Zeiten des Hungers, der Krankheit oder Gebrechlichkeit zu wappnen. Sie verbünden sich miteinander und bilden Gemeinschaften, um einem Angriff von außen besser standzuhalten.

Nicht erst die tatsächlich erlittene Wunde, sondern schon die potentielle Gefahr, verwundet zu werden, übt eine unerhörte Macht aus. Menschen, Gruppen und Staaten befürchten, verwundet zu werden. Und sie tun vieles, um dies zu verhindern. Hierzu setzen sie einen großen Teil der eigenen Lebensressourcen ein. Und manchmal greifen sie sogar gewaltsam auf die Lebensressourcen Anderer zu, um sich selbst zu schützen. Die Weihnachtsgeschichten erzählen von drei Gruppen, die dies tun: die wohlhabenden Leute in der Herberge, die Schriftgelehrten und Hohenpriester sowie der machtvolle König in Jerusalem. Diese drei Gruppen zeigen besonders deutlich, dass die Weihnachtsgeschichten keine Idylle vor Augen führen, sondern von harten Konflikten erzählen. Denn die Gruppen, die nicht zur Hingabe bereit sind, entwickeln ihre je eigenen Strategien, um sich vor Verwundungen zu schützen und das eigene Wohlergehen zu sichern. Die Leute in der Herberge halten sich die Verletzlichkeit des Neugeborenen erfolgreich vom Hals. Die Schriftgelehrten und Hohenpriester kooperieren mit einer diktatorischen Staatsmacht, um selbst ungeschoren davonzukommen. Und der König Herodes ist sogar bereit, Andere zu töten, um sich selbst zu schützen und ja nichts zu riskieren.

> **Biblische Geschichten zur Geburt Jesu**
> Zwei Evangelien erzählen Geschichten über die Geburt Jesu. Das Evangelium nach **Lukas** (Lk 1,5–2,52) legt neben Johannes dem Täufer besonderen Wert auf die Aktivitäten von *Frauen* wie Maria, Elisabet und der Prophetin Hannah. Lukas erzählt mit inspirierenden Bildern von dieser besonderen Geburt an der Krippe (2,1–21). Das Evangelium nach **Matthäus** (Mt 1,18,–2,23) ist stärker daran interessiert, wie *Männer* handeln, und erzählt ausführlich von König Herodes und seinen Häschern, von Josef und den Sterndeutern.

Wegschauen. Die Menschen in der Herberge von Betlehem

Die wohl beliebteste Weihnachtsgeschichte stammt aus dem Lukas-Evangelium. Walter Jens meint sogar, dass es »der bekannteste Text der Weltliteratur« (Jens 2007, 12) sei. Dieser beginnt mit den Worten: »In jenen Tagen erließ Kaiser Augustus den Befehl, alle Bewohner des Reiches in Steuerlisten einzutragen.« (Lk 2,1) Das mag zunächst harmlos klingen. Aber der zweite Blick lässt Schlimmes ahnen: Steuerlisten. Auch nach Jahrhunderten schwant da nichts Gutes. Eine Staatsmacht greift zu und stellt Forderungen. Sie hat die Macht, die finanziellen Ressourcen der Bürgerinnen und Bürger anzutasten. Sie kann Steuern einnehmen, eintreiben oder gar abpressen. Steuern sind eine heikle Angelegenheit. Denn oft sind sie ungerecht, sie machen die Reichen noch reicher und die Armen noch ärmer.

Der Machtzugriff des Kaisers bringt die Menschen seines Reiches zwangsläufig in Bewegung. Die Familien müssen in den Geburtsort der Männer gehen, um sich registrieren zu lassen. »So zog auch Josef von der Stadt Nazaret in Galiläa hinauf nach Judäa in die Stadt Davids, die Betlehem heißt; denn er war aus dem Haus und Geschlecht Davids. Er wollte sich eintragen lassen mit Maria, seiner Verlobten, die ein Kind erwartete.« (Lk 2,4 f) Eine hochschwangere Frau ist mit ihrem Verlobten unterwegs an Orten, wo sie nicht auf das Entgegenkommen von Verwandten, Freundinnen und Freunden vertrauen kann – wie es ihr wohl ergeht in dieser Fremde? »Als sie dort waren, kam für Maria die Zeit ihrer Niederkunft, und sie gebar ihren Sohn, den Erstgeborenen. Sie wickelte ihn in Windeln und legte ihn in eine Krippe, weil in der Herberge kein Platz für sie war.« (Lk 2,6 f)

Mit nur wenigen Worten wird hier eine Personengruppe benannt, die in den heutigen Weihnachtserzählungen und Krippenspielen gern ausgemalt wird: die Menschen in der Herberge. Sie sind beliebte Figuren, denn sie rühren an ein Grundbedürfnis des Menschen. Es geht darum, ein Dach über dem Kopf zu haben und durch Wände vor unliebsamen Übergriffen bewahrt zu werden. Obdach zu genießen und in einer Wohnung zu leben gehört heute zu den allgemeinen Menschenrechten (Art. 25/1). Wer draußen leben muss, ist ungeschützt, die Verwundbarkeit erhöht sich schlagartig. Für Menschen, die in der Fremde unterwegs sind, ist Obdach nichts Selbstverständliches. Wer nicht genug Geld hat oder gar auf der Flucht ist, wird nur schwer eine angemessene Unterkunft erhalten. Da man selbst keinen Wohnraum zur Verfügung hat, ist man auf die Gastfreundschaft Anderer angewiesen, selbst wenn man dafür bezahlen kann.

Die Chancen auf eine gute Unterkunft werden geringer, je schwieriger die eigenen Lebensumstände sind. Dass die junge Familie keinen Platz in der Herberge findet, ist daher kein Zufall. Die Herbergen mögen mancherorts voll sein, weil so viele Menschen wegen der Volkszählung unterwegs sind. Aber das ist nicht alles. Immerhin geht es hier um eine hochschwangere Frau, die bald gebären wird. Jede Geburt aber ist eine Herausforderung – nicht nur für die Eltern, sondern für alle, die es mit ihr zu tun bekommen.[1] Sie erfordert Positionierungen in die eine oder andere Richtung. Eine Geburt macht Arbeit und verbraucht Lebensressourcen. Sie erzeugt Lärm, sie stiftet Unruhe und ist für alle Beteiligten eine riskante Sache.[2]

Wenn die Gebärende unbekannt ist, weiß man zudem nicht, ob sie Krankheiten oder Ungeziefer oder sonstigen Ärger aller Art mit ins Haus bringt. Geschwächt und angestrengt sieht sie jedenfalls aus. Daher ist es schon leichter zu sagen, dass leider kein Platz mehr in der Herberge sei. Stünde der König des Landes vor der Tür, so würde er selbstverständlich großzügig Raum erhalten. Aber die Schwangere, die kurz vor der Niederkunft steht, erhält keinen Einlass. Hier zeigt sich ein Verhalten, das Menschen in Armut häufig widerfährt: Die Frau, die wegen ihrer Schwangerschaft am meisten Schutz bedarf, wird aus den Schutzräumen der Gesellschaft ausgeschlossen. Und das im wahrsten Sinn des Wortes. Weil sie ein Risiko verkörpert, wird die Tür vor ihr verschlossen. Die Menschen in der Herberge zeigen keine Bereitschaft, ihre Lebensressourcen zu teilen. Sie befürchten, dass die Schwangere sie in Schwierigkeiten bringt und zu viel kostet.

Das Verhalten der Herbergsleute ist nur zu gut verständlich. Denn es entsteht aus dem Bedürfnis, sich selbst zu schützen. Die Herbergsleute – Besitzer und Bewohner – greifen zwar Andere nicht an, fügen Anderen keine Wunden zu und verhalten sich nicht aggressiv. Sie tun aber nur wenig oder gar nichts, um drohende Verwundungen zu verhindern. Um es deutlich zu sagen: Das Verhalten der Menschen in der Herberge ist der alltägliche Normalfall. Das hat damit zu tun, dass jeder Mensch Ressourcen für sich selbst und für die eigene Gemeinschaft braucht. Man muss sich davor schützen, dass Andere auf die eigenen Ressourcen zugreifen – falls man überhaupt die Macht dazu hat. Selbstschutz ist eine unverzichtbare Lebensstrategie.

Wir wissen nichts über die Lebensgeschichten und die momentane Situation der Herbergsleute und warum sie ihre Ressourcen für sich behalten. Es mag Bösartigkeit sein, dass man nicht teilen will, sondern alles für sich hortet. Oder man schätzt aus Nachlässigkeit oder Unkenntnis die Situation falsch ein. Man hat selbst Kinder zuhause, die versorgt werden wollen, oder Alte, Bedienstete, Pflegebedürftige. Vielleicht will man auch deswegen lieber gar nicht so genau hinschauen. Das Wegschauen ist in der Strategie der Herbergsleute ein entscheidender Punkt. Weil man sich vor dem Verlust eigener Ressourcen schützen will, schaut man nicht so genau hin, wenn sich bei Anderen Verwundbarkeit zeigt. Wenn man genauer hinschauen würde, dann würde man sich vielleicht anrühren lassen von dem, was sich zeigt. Wer wegschaut, bleibt unberührt von der Not Anderer. Wer hinschaut und sich öffnet, macht sich selbst verletzlich.

Aber auch mit dem Wegschauen kann man sich schuldig machen. »Guilty bystander« (schuldig daneben Stehende) hat der Mystiker Thomas Merton jene Menschen genannt, die schuldig werden, indem sie neben einer Not oder einem Verbrechen stehen und nichts dagegen unternehmen. Sie befürworten die Verwundung nicht, halten sich aber die Gefährdung der Anderen dennoch konsequent vom Hals. Im 20. Jh. hat der Nationalsozialismus auf diese Strategie des Wegschauens gebaut und konnte sich gut auf sie verlassen. Die Menschen waren nicht einmal »Zuschauer«, denn sie haben ja gerade weggeschaut. Thomas Merton zeigt dabei jedoch nicht einfach mit dem Finger auf Andere, sondern er meint durchaus sich selbst. Man kann sich nicht allen Verwundungen der Welt aussetzen, nicht einmal all den Verwundungen, mit denen man direkt in Berührung kommt. Strukturell sind viele Menschen »guilty bystander«, die schuldig werden, weil sie wegschauen.

Dies ist jedoch keine Entschuldigung für jedes Wegschauen und Nichtstun. Die Herbergsleute verweisen vielmehr auf eine entscheidende Doppelfrage. Wo ist es notwendig, sich selbst und die eigenen Ressourcen zu schützen? Und wo ist es im Sinne der Humanität notwendig, die eigenen Ressourcen zur Verfügung zu stellen und Andere damit vor Verwundung zu schützen? Diese Doppelfrage ist grundlegend. Alltäglich werden Menschen mit ihr konfrontiert und müssen sich entscheiden. Das ist nicht leicht, aber unerlässlich.

Es ist bemerkenswert, dass die Bibel die Menschen in der Herberge nicht beschuldigt, anklagt oder verurteilt. Nicht einmal die Eltern Jesu beschweren sich. Es wird nur festgestellt, dass in der Herberge kein Platz für sie war. Und dennoch hat das Verhalten Konsequenzen für die Herbergsleute. Sie treten einfach zurück und spielen keine Rolle mehr im Fortgang der Geschichte. Man könnte vielleicht erwarten, dass sie später noch dazustoßen, als die Hirtinnen und Hirten, Engel und Sterndeuter ankommen. Diese Variante wählt die Bibel nicht. Indem die Herberge die Bedürftigen ausgeschlossen hat, schließt sie sich selbst von jener Heilsgeschichte aus, die sich an Weihnachten ereignet.

Andere verwunden, um sich selbst zu schützen. Die Herodes-Strategie

Die Menschen in der Herberge praktizieren das Wegschauen. Dass es schlimmer geht, zeigt Herodes, der König über Judäa, Galiläa, Samarien, Idumäa und Peräa. Hier haben wir es nach Kaiser Augustus mit der zweiten politischen Machtfigur der Weihnachtsgeschichte zu tun. Herodes ist ein machtvoller Herrscher, denn er kann Kriegszüge anzetteln, Menschen vor Gericht bringen, prachtvolle Gebäude errichten und Steuern eintreiben lassen. Zugleich ist er als von Rom eingesetzter Vasallenkönig ein Abhängiger, der immer befürchten muss, bei den Herrschenden in Ungnade zu fallen. Ein falscher Schritt und er ist weg vom Thron. Er lebt in unruhigen Zeiten, wo Herrschaften wechseln und alle auf ihren Vorteil bedacht sind.

Seine Position, stabil und fragil zugleich, gibt Grund für Befürchtungen aller Art. Er ist offiziell jüdischen Glaubens und vertritt diesen Glauben auch in der Öffentlichkeit. Er baut sogar den Zweiten Tempel in Jerusalem so tiefgreifend um, dass dieser »Herodianischer Tempel« genannt wird. Dennoch findet Herodes im jüdischen Volk kaum Anerkennung. Er lebt in einer politischen Kultur des Misstrauens und trägt selbst zu ihr bei. Hier ist jederzeit mit tödlichem Gift oder einem scharfen Messer zu rechnen. Sein Vater ist getötet worden, er selbst lässt mehrere eigene Söhne hinrichten, die angeblich Hochverrat planten. Weil er im Rampenlicht der Öffentlichkeit steht und eine politische Machtposition innehat, ist er in besonderer Weise verwundbar. Er weiß dies und agiert entsprechend. Er versucht konsequent, sich vor Verwundungen zu schützen, um seine Machtposition zu bewahren und die herodianische Dynastie zu festigen.

Vor diesem historischen Hintergrund schreibt Matthäus über Herodes. Der Evangelist erzählt, wie bei dem König alle Alarmglocken schrillen, als Sterndeuter aus dem Osten nach Jerusalem kommen und fragen: »Wo ist der neugeborene König der Juden? Wir haben seinen Stern aufgehen sehen und sind gekommen, um ihm zu huldigen.« (Mt 2,2) Offensichtlich hat Herodes gerade kein Neugeborenes in seinem Palast. »Als König Herodes das hörte, erschrak er und mit ihm ganz Jerusalem.« (Mt 2,3) Wenn der Tyrann erschrickt, ist auch sein Volk alarmiert. Niemand weiß, wie er auf seinen Schrecken reagiert und welche Köpfe rollen werden. Politiker agieren mit Machtstrategien. Es muss da eine Macht geben, die Herodes noch nicht im Blick hat, die quasi aus dem Nichts auftritt und die auf seiner Rechnung fehlt. Das bringt eine bedrohliche Unruhe mit sich.

Herodes setzt seine Machtmittel ein, um herauszubekommen, wo dieser Unbekannte ist und welche Bedeutung er hat. Dabei ist auffällig, dass er bereits mehr weiß als die Sterndeuter. Diese Menschen, die einer anderen Religion angehören, sprechen vom »König der Juden«. Herodes identifiziert diesen direkt als »Messias«. Er ruft die Hohenpriester und Schriftgelehrten zu Hilfe. Sie sind ihm zu Diensten und verweisen kundig auf Betlehem, »keineswegs die unbedeutendste unter den führenden Städten von Juda«. Das ist ein entscheidender Punkt. Herodes weiß Bescheid und kann sich entscheiden. Er kann den Messias verehren oder verfolgen. Er ist selbst Jude, für ihn ist der Messias eine jüdische Heilsfigur. Wird er sich gegen ihn stellen?

Matthäus lässt keinen Zweifel daran, wie Herodes sich positioniert. Der König greift zu einem Mittel, das noch heute in vielen Staaten angewandt wird und in Diktaturen besonders beliebt ist: zum Staatstrojaner. Den gutwilligen Besuchern gegenüber tut er sehr freundlich, will sie aber zu seinen eigenen Zwecken missbrauchen. Sie dürfen das nicht wissen, sonst geht das politische Kalkül nicht auf. »Dann schickte er sie nach Betlehem und sagte: Geht und forscht sorgfältig nach, wo das Kind ist; und wenn ihr es gefunden habt, berichtet mir, damit auch ich hingehe und ihm huldige.« (Mt 2,8) Das ist eine glatte Lüge. Herodes ist intrigant, er verwendet List und Tücke. Denn er weiß, dass er auf die Auskunft der Sterndeuter angewiesen ist. Er fragt sie ebenso gründlich wie hinterlistig aus. Denn er kann nicht einfach selbst nach Betlehem gehen oder seine eigenen Leute schicken, obwohl es um eine so wichtige Sache geht. Das liegt am Wesen der Staatstrojaner. Sie müssen in den Augen derer, die bespitzelt werden sollen, vertrauenswürdig sein. Auch die »Informellen Mitarbeiter« der DDR haben nach diesem Prinzip funktioniert. Es mussten gerade die Verwandten oder Menschen aus dem engen Freundeskreis sein, die das Bespitzeln übernahmen – Anderen gegenüber hätten die Bespitzelten nicht offen und ehrlich ihre Meinung gesagt. Nur wenn sie kein Misstrauen wecken, kommen Trojaner an die entscheidende Information heran.

Auf diesem Weg kommt es dazu, dass Staatstrojaner diejenigen verwunden, die zu schützen sie vorgeben. Genau so ist es bei Herodes. Er und seine Soldaten sind alles andere als vertrauenswürdig. Die in der Geschichte zunächst etwas naiv wirkenden Sterndeuter, die dem Herrscher bedenkenlos auf den Leim gehen, sind es sehr wohl. Daher lassen sie sich zunächst gut einpassen in das politische Kalkül des Machthabers. Sie werden als Staatstrojaner nach Betlehem geschickt, ohne dass sie dies wissen.

Aber es steckt noch mehr hinter dem verzweifelten Versuch, die Sterndeuter zu missbrauchen. Herodes lebt in einer Ordnung der Dinge, die sich an Macht und Ansehen, Herrschaft und Besitz, Gewalt und Krieg orientiert. Hier ist das Wunder der Menschwerdung, das aus dem Wagnis der Verletzlichkeit entsteht, überhaupt nicht denkbar. Seine Augen sind blind für jenes Licht, das an Weihnachten aufleuchtet. Er könnte direkt neben der Krippe stehen und würde nichts sehen als ein alltägliches Ereignis, ein profanes neugeborenes Kind. In seiner Ordnung der Dinge gefangen, kann er die Zeichen jener anderen Ordnung nicht wahrnehmen, die mit der Geburt Jesu in Kraft ist. Die Krippe ist Herodes verschlossen, weil er blind ist für die Geburt Gottes im Menschen. Zu jener Humanität, für die das Weihnachtsfest steht, ist er nicht bereit und daher auch nicht fähig. Also braucht er seine Trojaner.

Allerdings geht diese Strategie nicht auf, denn seinem Politkalkül fehlt eine Größe, die eine ganz andere Macht verkörpert. Herodes hat nicht mit dem Auftreten von Engeln und mit der offenbarenden Kraft von Träumen gerechnet. »Weil ihnen aber im Traum geboten wurde, nicht zu Herodes zurückzukehren, zogen sie auf einem anderen Weg heim in ihr Land.« (Mt 2,12) Die Sterndeuter halten sich nicht an den Auftrag des Herodes, nachdem sie eine andere himmlische Botschaft erhört haben. Das bringt Herodes in die Bredouille. Er will kein Risiko eingehen. Deswegen versinkt er noch tiefer in seiner inhumanen Art, Politik zu betreiben. »Als Herodes merkte, dass ihn die Sterndeuter getäuscht hatten, wurde er sehr zornig, und er ließ in Betlehem und der ganzen Umgebung alle Knaben bis zum Alter von zwei Jahren töten, genau der Zeit entsprechend, die er von den Sterndeutern erfahren hatte.« (Mt 2,16)

Herodes folgt hier jener Utopie der Unverwundbarkeit, von der Achill und Siegfried in der klassischen Mythologie zeugen. Diese Utopie ist gefährlich. Sie bringt Herodes dazu, alle ihm zur Verfügung stehenden Machtmittel einzusetzen, um in der Öffentlichkeit das Bild des Unverwundbaren aufrechtzuerhalten. Nichts und niemand kann seine Position antasten und seinen Thron ins Wanken bringen. Er hat Mittel und Wege, dies effektiv zu verhindern. Wenn es ihm gelingt, das Bild des Unverwundbaren zu wahren, kann er mit weniger Anschlägen rechnen. Niemand traut sich mehr, diesen Machthaber anzugreifen, der seine Spione überall hat und jederzeit mit Folter und Tod zugreifen kann.

Aber um dies zu bewirken, muss Herodes sehr drastisch vorgehen und brutale Gewalt ausüben. Der historische König ist nicht einmal davor zurückgeschreckt, seine eigenen Söhne vor Gericht zu bringen und ihre Hinrichtung herbeizuführen. Auch seine politische Konkurrentin und Ehefrau Mariamne hat er beseitigt (vgl. Baltrusch 2012, 306 ff). Sein Wunsch, unverwundbar zu sein und seine herrschaftliche, angesehene Position nicht zu verlieren, treibt ihn in eine Gewaltspirale hinein. Gewalt potenziert sich, das zeigt sich besonders deutlich in Diktaturen. Je brutaler der Diktator vorgeht, desto mehr Widerstand regt sich in seinem Volk. Dass Einzelne oder Staaten durch Waffen unverwundbar werden könnten, ist eine fatale Utopie. Sie erforderte unsägliche Opfer von unzähligen Menschen.

Die Bibel führt diesen Zusammenhang vor Augen. Um selbst nicht verwundet zu werden, verwundet Herodes andere Menschen. Das ist die Herodes-Strategie. Der Selbstschutz besteht nicht nur darin, einen Schutzwall zu bauen, sondern heimtückisch zur Waffe zu greifen. Nach Matthäus lässt er die vielen Kleinkinder von Betlehem niedermetzeln, um mit Sicherheit den Einen zu treffen, den er vernichten will.[3] In der Weihnachtsgeschichte gehören die getöteten Kinder zu seinem eigenen Volk. Und sie haben mit seinem Konflikt um den König der Juden nichts zu tun, sie sind in allem unschuldig. Dennoch werden sie umgebracht. Herodes raubt seinem Volk sehr gezielt das, was diesem Volk am Herzen liegt und heilig ist, die eigenen Kinder. Er trifft die Menschen dort, wo sie am tiefsten verwundbar sind.

Wer sich mit der Herodes-Strategie selbst zu schützen versucht, muss wissen, wo diese Anderen verwundbar sind. Man fragt nach der Verwundbarkeit der Anderen – nicht um sie zu schützen, sondern um sie zu treffen. Die Stelle, die verwundbar ist, wird attackiert. Dabei übersteigt der Angriff jedes Maß, denn Herodes »wurde sehr zornig« (Mt 2,16). Das Klagegeschrei ist entsprechend laut und herzzerreißend. Es erinnert an ein anderes Ereignis, von dem der Prophet Jeremia erzählt: »Ein Geschrei war in Rama zu hören, lautes Weinen und Klagen: Rahel weinte um ihre Kinder und wollte sich nicht trösten lassen, denn sie waren dahin.« (Mt 2,18; Jer 31,15)

Wissen, aber nicht handeln. Die Schriftgelehrten und Hohenpriester

Auch die Hohenpriester und Schriftgelehrten gehören zu den Gruppen, die sich vor Verwundungen schützen wollen. Bei ihnen fällt jedoch erst bei genauem Hinsehen auf, wie verwundbar sie sind. Zuerst einmal gehören sie zum religiösen Establishment. Sie genießen Ansehen, sind gut verortet und können sich etwas leisten. Weil sie sich in den Heiligen Schriften auskennen, können sie dem Tyrann zu Diensten sein. Sie sind in der Lage, den im Alten Testament vorhergesagten Geburtsort des Messias zu benennen: Betlehem. Das offenbart religiöse Kompetenz, die ihnen Autorität verschafft. Sie kennen den Text des Propheten Micha, der Betlehem eine große, friedenstiftende Zukunft verheißt (Mi 5,1–3).

In diesem Fall bringt sie diese Kompetenz jedoch in eine schwierige Situation. Sie kennen die Gewaltsamkeit des Machthabers, seine Hinterlisten und Bösartigkeiten. Sie können sich denken, dass er einen anderen Großen nicht so einfach akzeptieren, geschweige denn ihm huldigen wird. So kommt zwar die Frage des Herodes nach dem Geburtsort des Messias harmlos daher. Aber messianische Fragen haben einen politischen Kontext. Das wissen die Gelehrten sehr wohl. Dennoch verstricken sie sich mit ihrer Kompetenz in den Machenschaften des Herodes. Sie geben ihm die Information, die er braucht, um seine Bluttat auszuführen.

Die Hohenpriester und Schriftgelehrten können sich die Hände in Unschuld waschen mit dem Argument, dass sie nur auf eine harmlose Frage antworten. In diesem Feld sind sie kompetent und befragbar, also antworten sie. Und dennoch bleibt ein schaler Nachgeschmack. Haben sie die Konsequenzen ihres Handelns nicht bedacht? Haben sie lieber nicht dorthin geschaut, wo sich zeigen würde, dass sie *das* nicht verantworten können? Sie geben dem gewieften Machtpolitiker Herodes die Information, die er braucht, um den Geburtsort des Messias in Erfahrung zu bringen. Wenn sie ihm diese Information verweigern würden, dann wäre ihr Leben in Gefahr. Das ist ihre verwundbare Stelle. Gelehrte werden allzuschnell entmachtet oder sogar umgebracht, wenn sie dem Herrscher ihr Wissen verweigern.

Ein weiterer Punkt verwundert in der Geschichte. Eigentlich wäre doch zu erwarten, dass die Jerusalemer Hohenpriester und Schriftgelehrten sofort aufbrechen und schauen, was in Betlehem los ist. Aber das tun sie nicht. Wenn man eine Erkenntnis hat, heißt das noch lange nicht, dass man entsprechend handelt. Es könnte gefährlich werden, und dazu fehlt der Mut. Die Hohenpriester und Schriftgelehrten brechen nicht selbst auf, um nach dem Verheißenen zu suchen. Das religiöse Establishment bleibt lieber zuhause bei seinen Büchern und hinter seinen Altären. Es will die Fleischtöpfe Ägyptens nicht verlassen. Wissen, Glauben und Handeln stimmen nicht immer und schon gar nicht automatisch überein. Wenn die Hohenpriester keinen Fehler machen, dann haben sie ihren festen, sicheren Ort am Allerheiligsten und in ihren Bibliotheken. Warum sollten sie diesen Platz verlassen und sich ins Ungewisse aufmachen, wo etwas geschieht, das sie nicht kalkulieren können? Nach Betlehem zu gehen würde bedeuten, die eigene Position auf Spiel zu setzen. Dazu sind sie nicht bereit.

Die narrative Theologie der Bibel

Von Gott kann man in ganz verschiedenen Sprachformen reden, beispielsweise argumentierend wie die Scholastik oder poetisch wie die Psalmen. Die *narrative* Theologie der Bibel setzt auf die überzeugende Kraft des Erzählens (vgl. Sandler 2002). Unerhörte Ereignisse führen vor Augen, wie Menschen mit den Zumutungen des Lebens umgehen und welche neuen Perspektiven Gottes Handeln hier eröffnet. Kunstvoll und anschaulich werden Geschichten erzählt, die Gott mitten in der Geschichte der Menschheit verorten.

2. Verletzlichkeit wagen – ein weihnachtlicher Mensch werden

Die Weihnachtsgeschichten sind mit der Praxis des Wegschauens und mit der Herodes-Strategie der gezielten Verwundung Anderer sehr realistisch. So geht es zu in der Welt. Aber bei dieser Erkenntnis bleiben die Evangelien nicht stehen. Sie bieten vielmehr eine Alternative an, wie man ganz anders mit Verwundbarkeit umgehen kann. Sie erzählen, wie Menschen bereitwillig eigene Ressourcen hergeben, um Andere in ihrer Verletzlichkeit zu schützen. Sie riskieren ihre eigene Verwundbarkeit, damit die Lebenschancen Anderer wachsen. Das wiederum macht sie keineswegs unglücklich. Vielmehr wächst ihnen in dieser Hingabe, die ein großes Wagnis ist, Leben in Fülle zu. So spiegelt sich bei den Menschen der Weihnachtsgeschichte, was Gott in der Inkarnation tut: Sie werden Mensch, indem sie Hingabe wagen. Sie werden zu weihnachtlichen Menschen.

Ausgeschlossene einbeziehen. Die armseligen Hirtinnen und Hirten

»In jener Gegend lagerten Hirten und Hirtinnen auf freiem Feld und hielten Nachtwache bei ihrer Herde.« (Lk 2,8) Wenn Hirtinnen und Hirten nachts die Herde bewachen, für die sie verantwortlich sind, dann rechnen sie mit manchen Überraschungen. Räuberische Banden können sie überfallen, einen Teil oder gar die ganze Herde rauben und ihnen selbst Schaden zufügen an Leib und Leben. Raubtiere wie Löwe, Gepard oder Bär können auf leisen Pfoten heranschleichen und ihre Tiere reißen. Dann müssen sie sich ihnen in den Weg stellen und damit das eigene Leben riskieren. Das macht ein Hirtenleben besonders gefährlich. Oder ein Unwetter zieht auf und verletzt ihre Herde oder treibt sie auseinander. Die Hirtinnen und Hirten sind draußen unterwegs, vagabundierend über Felder und Weiden, durch Gestrüpp und Wildnis hindurch. Ohne moderne Outdoor-Kleidung leben sie draußen und sind nur selten von Mauern und Dächern geschützt. Ihre Verwundbarkeit ist groß. Daher brauchen sie nicht nur tagsüber, wenn ihre Herde unterwegs ist, sondern auch nachts eine hohe Aufmerksamkeit für das, was sich um sie herum ereignet. Während die Anderen schlafen, muss wenigstens Eine oder Einer wach und konzentriert präsent sein, denn sie selbst und ihre Herde sind in besonderem Maß schutzbedürftig.

Die Tiere, die sie zu bewachen haben, sind ihre zentrale Lebensressource. Sie brauchen sie zum Überleben. Oft gehören diese Tiere nicht den Hirtinnen und Hirten, sondern sie werden dafür bezahlt, dass sie Schutzdienst leisten. Aber auch dann ist es für sie überlebenswichtig, dass den Tieren nichts zustößt. Sie sorgen dafür, dass die Schafe und Ziegen gesund und unverletzt bleiben. Andernfalls bekommen sie Ärger, müssen eventuell Ersatz leisten oder verlieren ihren Arbeitsplatz. Die soziale Stellung der Hirtinnen und Hirten ist miserabel. Sie gehören zur Unterschicht, genießen kaum soziales Ansehen und sind »unansehnlich«. Mit den regulären kulturellen, religiösen und politischen Prozessen der Städte haben sie nur indirekt zu tun. Ihre Lebensweise und ihre soziale Stellung schließen sie von entscheidenden Vorgängen der

Gesellschaft aus. Sie sind eher armselige Gestalten und können keine ansehnlichen Reichtümer vorweisen. Zu großen, gesellschaftlich bedeutsamen Anlässen und rauschenden Festen werden sie nicht eingeladen.

Weil sie in dieser Situation leben und arbeiten, müssen sie vorsichtig und aufmerksam sein. Sie sind auf allerhand Überraschungen gefasst. Aber sie rechnen nicht mit dem, was der Evangelist Lukas erzählt: dass ein Engel und himmlische Heerscharen auftreten. Ein Engel erscheint, erklärt ihnen die Bedeutung des Kindes in der Krippe und überbringt ihnen die Botschaft von der Geburt des Messias. »Da trat der Engel des Herrn zu ihnen, und der Glanz des Herrn umstrahlte sie. Sie fürchteten sich sehr, der Engel aber sagte zu ihnen: Fürchtet euch nicht, denn ich verkünde euch eine große Freude, die dem ganzen Volk zuteil werden soll: Heute ist euch in der Stadt Davids der Retter geboren; er ist der Messias, der Herr. Und das soll euch als Zeichen dienen: Ihr werdet ein Kind finden, das, in Windeln gewickelt, in einer Krippe liegt.« (Lk 2,8–12)

Diese Botschaft des Engels ist eine ausführliche theologische Rede. Sie richtet sich nicht an die Schriftgelehrten, die lieber zuhause geblieben sind, und nicht an die Hohenpriester, die an ihren Altären hängen, sondern an die Habenichtse auf freiem Feld. Der Engel zweifelt offensichtlich nicht daran, dass die Hirtinnen und Hirten seine Rede vom Messias, dem Retter in der Stadt Davids, verstehen. Das Zeichen, das der Engel ihnen nennt, ist aus ihrem Leben gegriffen – ein Neugeborenes in einer Krippe, dem Futterplatz ihrer Tiere. Von Geburten und Krippen verstehen sie etwas, auch wenn in dieser Geburt etwas steckt, das ihr Verstehen übersteigt.

Dann tritt sogar eine ganze Heerschar auf. »Und plötzlich war bei dem Engel ein großes himmlisches Heer, das Gott lobte und sprach: Verherrlicht ist Gott in der Höhe, und auf Erden ist Friede bei den Menschen seiner Gnade.« (Lk 2,13 f) Die Boten des Himmels gehen behutsam vor. Zuerst tritt ein Engel auf und spricht sein »Fürchtet euch nicht!« Erst dann kommt die überwältigende Himmelsschar. Die Hirtinnen und Hirten auf freiem Feld, die nie im Rampenlicht öffentlichen Interesses stehen, erhalten eine besondere Einladung des Himmels. Sie werden von höherer Stelle zum Ort der Gottesgeburt gebeten. Und sie werden für würdig befunden, eine himmlische Botschaft zu überbringen.

Ganz anders als die Schriftgelehrten und Hohenpriester sind diese Menschen bereit, ihren schutzbedürftigen Lebensort zu verlassen und zur Krippe zu gehen. Sie wollen das Kind sehen und seinen Eltern die Botschaft des Engels weitergeben. »Als die Engel sie verlassen hatten und in den Himmel zurückgekehrt waren, sagten die Hirten zueinander: Kommt, wir gehen nach Betlehem, um das Ereignis zu sehen, das uns der Herr verkünden ließ. So eilten sie hin …« Sie wollen keine Zeit verlieren. Sie haben es eilig. Mit einer Schafherde im Schlepptau kann man aber nicht eilen, da muss man sich Zeit nehmen. Also müssen sie ihre Herde zurücklassen.

Damit wagen sie viel. Denn während ihrer Abwesenheit können sie einige oder sogar alle Tiere, ihre zentrale Lebensressource, verlieren. Sie opfern bereitwillig ihren Schlaf und riskieren überdies den Verlust ihrer Schafe. Ohne zu zögern gehen sie das Wagnis ein und lassen alles hinter sich. So gelangen sie mitten hinein in diesen unscheinbaren Ort der Gottesgeburt. Und was sehen sie, als sie zur Krippe kommen? Ein neugeborenes Kind, winzig klein und verletzlich. Nicht ein Gott der Herrschaft und des Triumphes ist hier am Werk, der die Kleinen noch kleiner macht; sondern ein Gott, der sich auf das menschliche Leben einlässt, es selbst auf sich nimmt, es als Mensch mit den Menschen teilt.

Das Lukas-Evangelium widmet den Hirtinnen und Hirten eine eigene, raumgreifende und bedeutsame Erzählung. In ihrer Mitte steht die theologische Interpretation der Geburt Jesu, die der Engel erzählt. Das ist höchst erstaunlich. Eine Gruppe, die gesellschaftlich nichts zu sagen hat, wird zum Adressaten der Weihnachtsbotschaft. Dies wiederum befähigt sie, selbst den Mund aufzutun und zu sprechen. »So eilten sie hin und fanden Maria und Josef und das Kind, das in der Krippe lag. Als sie es sahen, erzählten sie, was ihnen über dieses Kind gesagt worden war. Und alle, die es hörten, staunten über die Worte der Hirten.« (Lk 2,16–18) Die Sprachlosen werden sprachfähig und finden Gehör.

Die Botschaft, die ihnen der Engel gebracht hat und die sie nun an der Krippe erzählen, korrespondiert mit dem, was sie selbst erfahren. Die Weihnachtsbotschaft besagt, dass Gott in Jesus Christus mitten in die menschliche Armut hineingeht. Gott macht sich klein und verletzlich, um den Kleinen und Schwachen Stärke zu verleihen. In der Erfahrung der Hirtinnen und Hirten verwirklicht sich diese Botschaft. Sie sind Ausgeschlossene, die nun ins Zentrum rücken, und Sprachlose, die Sprachfähigkeit und Gehör finden. An der Krippe bricht das Reich Gottes an.

Was wir teilen, macht uns reich.
Die dahergelaufenen Sterndeuter

Während Lukas die Hirtinnen und Hirten in den Blick
rückt, erzählt Matthäus von einer anderen Gruppe, die
die Krippe aufsucht: die Sterndeuter (Mt 2,1–12). Das
sind geheimnisvolle Figuren. In der Kunst sowie in der
Frömmigkeitsgeschichte wirkten sie geradezu beflügelnd.
Wo kommen sie her? »Aus dem Osten«, sagt Matthäus
schlicht und ergreifend. Das ist zwar eine Ortsangabe,
aber eine recht allgemeine. Östlich von Judäa liegt das
Morgenland – Persien, Mesopotamien, Babylonien. Dass
es genau *drei* Sterndeuter waren, davon sagt die Bibel
nichts. Sie nennt keine Zahl und keine Namen. Sie sagt
nicht, dass es Könige waren – all das wurde später in
der Legende erläuternd hinzugefügt. Wir wissen nicht
einmal, ob nicht doch eine Frau dabei war, eine Stern-
deuterin.

Im Griechischen werden sie »Magoi« genannt, Magier.
Das sind Menschen, die die Kunst der Sterndeutung be-
herrschen. Sie sind Intellektuelle, die in ihrer Heimat
großes Ansehen genießen. Denn von ihnen wird erwartet, dass sie die Zeichen der Zeit erkennen und deuten.
Das ist eine überaus wichtige Aufgabe, denn wer die Zeichen der Zeit kennt, kann Handlungsperspektiven eröffnen. Diese wiederum können über Heil oder Unheil
einer Gemeinschaft entscheiden. Die Magier stehen am
Schnittpunkt von persönlichem und politischem Handeln. Sie können das Schicksal Einzelner und das Schicksal von Staaten erheblich beeinflussen. Sie stehen im
Dienst eines Landes, eines Volkes oder eines Herrschers,
denn dort werden sie gebraucht. Aus diesem Grund hal-

ten sie Augen und Ohren offen und sind hoch sensibel für Zeichen, die gravierende Veränderungen ankündigen. Sie müssen die Ersten sein, die solche, vielleicht zunächst unscheinbaren Zeichen wahrnehmen und in ihrer Bedeutung erkennen. Es gehört zu ihrer Profession, über die Grenzen ihres Landes hinaus auf das zu schauen, was sich Bedeutsames ereignet. Wenn in einem Nachbarland ein zukünftiger König geboren wird und es dazu ein Himmelszeichen gibt, dann ist es klug, dem entsprechenden Königshaus politische Ehre zu erweisen. Und es empfiehlt sich, auch persönlich nachzuschauen, was dort in der Ferne los ist.

Dennoch ist es erstaunlich, dass sich die Sterndeuter aus der Heimat in die Fremde wagen. Sie bleiben nicht im eigenen Land und verlassen das Territorium sowohl ihrer eigenen Ethnie wie ihrer eigenen Religion – in der Tradition werden sie als »Heiden« bezeichnet, die dem Kind huldigen. Ihr Weg zur Krippe ist ungeheuer lang und ungeheuer beschwerlich. Sie nehmen Unannehmlichkeiten, Kosten und Anstrengungen auf sich und wissen nicht, ob sie gesund oder ob sie überhaupt nach Hause zurückkommen werden. In der Bibel heißt es, dass sie einem Stern folgen. Wie sie das machen, bleibt eines ihrer vielen Geheimnisse. In der Tradition wirkte dieser Stern inspirierend. Auf der mittelalterlichen Darstellung von Autun ist er in Stein gehauen, als die – nunmehr drei – Sterndeuter unter einer Decke stecken und träumen. Sie haben den Stern aus dem Blick verloren, ein Engel erinnert sie daran, dass sie ihm folgen wollten. Behutsam rührt er die Hand eines Magiers an und zeigt hinauf. »Bind deinen Karren an einen Stern!« – diesen Spruch, der Leonardo da Vinci zugeschrieben wird, steht mit der Weihnachtsgeschichte in Verbindung. Wenn sie die Mühsal, Unsicherheit und Gefahr des Weges an ihren Stern binden, können sie leichtfüßiger ausschreiten. Eine Mission zu haben, das beflügelt. Solche beflügelnde Kraft können sie brauchen.

Als sie noch zuhause waren, haben die Sterndeuter großes Ansehen genossen. Die wertvollen Geschenke, die sie mitbringen, zeugen davon. In der Fremde ist das jedoch nicht selbstverständlich der Fall. Ihnen wird kein Fest bereitet oder eine andere Ehre erwiesen, als sie in Jerusalem eintreffen. Im doppelten Sinn des Wortes sind sie »dahergelaufene« Sterndeuter. Sie haben einen weiten Weg hinter sich, der sie von dem Ort ihrer Anerkennung entfernt. In der Hauptstadt Judäas weiß man anfangs nicht, was man von ihnen halten soll. Niemand kennt sie. Sie sehen wahrscheinlich fremd aus mit ihrer Kleidung, die nicht hierher gehört, sie bewegen sich anders und sprechen nicht den vor Ort üblichen Dialekt. Kann man ihnen vertrauen? Niemand bürgt für sie. Vielleicht hat man es mit Scharlatanen zu tun?

Die Sterndeuter aber folgen jener politischen Ordnung der Dinge, die sie gewohnt sind und von zuhause kennen: Ein König wird in einem Palast geboren. Dieser König des Himmels allerdings nicht. Also verlaufen sie sich. Sie gehen zielstrebig ins Zentrum der lokalen politischen Macht. Dort stellen sie die entscheidende Frage: »Wo ist der neugeborene König der Juden?« (Mt 2,2) Das führt zu Irritationen, König Herodes erschrickt. Da er den Sterndeutern aber nicht so einfach trauen kann, zieht er seine eigenen Leute zu Rate. Er bringt in Erfahrung, dass der neue König der Juden in Betlehem zu erwarten ist. Dorthin brechen die Sterndeuter auf, nachdem Herodes sie über ihr weiteres Verhalten instruiert hat. Sie sind bereit, einen neuen Weg einzuschlagen und nicht auf eingefahrenen Pfaden zu beharren.

Welchen Schock oder welch ungläubiges Erstaunen müssen die Sterndeuter erlebt haben, als sie in Betlehem ankamen! Für sie, die zwar den König erwartet haben, aber nicht an einem solchen Ort, kehrt sich die gesamte Ordnung der Dinge um. Königsgeburt und Gottesgeburt sind eben nicht identisch. Aber immerhin, die Magier finden zur Krippe, während dem Herodes der Ort der Gottesgeburt verschlossen bleibt. Die Gelehrten aus dem Ausland stehen neben den armseligen Hirtinnen und Hirten an der Krippe. Religiöse Grenzen werden genauso überschritten wie Grenzen der Sprache und des Milieus. Denn Gott wird geboren in Armut. Damit setzt er ein Zeichen: Menschwerdung geschieht, wo man sich von der menschlichen Verletzlichkeit zu humanem Handeln bewegen lässt.

Dieses Geheimnis von Weihnachten zeigt prompt seine Wirkung. Im Neugeborenen, das in der Krippe liegt, erkennen die Sterndeuter den, den sie am Ort der Macht vergeblich gesucht haben. Sie huldigen dem Kind und stellen sich in den Dienst dessen, was es verkörpert. Und nun holen sie die Schätze hervor, die sie den ganzen Weg über mit sich getragen haben: Gold, Weihrauch und Myrrhe. Sie waren für den irdischen König gedacht. Aber die Gottesgeburt verwandelt ihre Bestimmung. Das hilfsbedürftige, verletzliche Kind erhält die königlichen Geschenke. Im Gegensatz zu Herodes zeigen sich die Sterndeuter bereit, ihre Lebensressourcen mit den Bedürftigen zu teilen. Sie halten ihre Gaben nicht zurück, obwohl sie weder eine materielle Gegengabe noch ein

Wachstum an irdischer Macht oder sozialem Ansehen zu erwarten haben. Sie sind großzügig. Anstatt zu behalten und ängstlich zu horten, geben sie ohne jedes Zögern.

Der irdische König hätte ihre Geschenke nicht notwendig gebraucht. Aber diese Menschen hier, die keinen Platz in der Herberge gefunden haben und bald auf einer gefährlichen Flucht sein werden, können die Schätze besonders gut gebrauchen. Auch dies stürzt die Ordnung der Dinge um. Nicht die Reichen werden noch reicher, sondern den Armen wird der königliche Reichtum zuteil. Es geschieht das, was Maria im Magnifikat besingt: »Die Hungernden beschenkt er mit seinen Gaben und lässt die Reichen leer ausgehen.« (Lk 1,54) An der Krippe bricht das Reich Gottes an.

Aber noch immer sind die Sterndeuter in der Gefahr, als Staatstrojaner zu funktionieren. Erst ein Traum öffnet ihnen die Augen über die verborgenen Absichten, die Herodes mit ihnen verfolgt. Nachdem sie an der Krippe waren, sehen die Magier alles in einem neuen Licht. Sie lassen sich nicht missbrauchen. Unscheinbar, wie sie gekommen sind, »zogen sie auf einem anderen Weg heim in ihr Land.« (Mt 2,12)

Wie die Magier zu Königen werden

Das Matthäus-Evangelium nennt diese besonderen Krippenbesucher »Magier«, Sterndeuter. Im Psalm 72 wird verkündet, dass »Könige« von weither kommen und ihre Gaben bringen. Indem man beides zusammendenkt, werden die Magier zu Königen (so der Theologe Tertullian, gest. um 220). Dass es genau drei sind, wird aus der Dreizahl der Gaben Weihrauch, Gold und Myrrhe geschlossen (so der Theologe Origenes, gest. um 254).

Erneut gehen sie ein enormes Risiko ein. Wenn sie unterwegs von den Schergen des Königs aufgegriffen werden, ist ihr Leben verspielt. Ihr Rückweg ist daher ganz anders als ihr Hinweg. Nun müssen sie sich im Verborgenen halten, dürfen nicht auffallen, müssen unscheinbare Wege einschlagen. Und dennoch kehren sie nicht verarmt zurück in ihre Heimat, sondern sie wissen sich reich beschenkt.

Verblüffend großzügig sein.
Der soziale Vater Josef

In vielen Darstellungen von Weihnachten erscheint Josef als Randfigur. Er schmückt die Szene aus und gehört zu einer heilen Welt, einer Idylle, die keine sozialen, kulturellen oder religiösen Brüche kennt. Der äußere Anschein besagt, dass er zwar im Innern des Geschehens steht, ganz dicht bei der Krippe, dass er aber leider nichts zu sagen hat. Nirgendwo kommt er selbst zu Wort. Die Bibel berichtet nur wenig von ihm, schon vor dem öffentlichen Auftreten Jesu verschwindet er kommentarlos aus der Geschichte. Ist er auch an der Krippe nur schmückendes Beiwerk? Aber die Weihnachtsgeschichten der Bibel sind von anderer Natur. Wenn man danach fragt, wie die Menschen hier mit Verwundbarkeit umgehen, dann rückt Josef plötzlich ans Zentrum heran und steht überraschend gut da. Dieser Mann ist eine verblüffende Krippenfigur. Denn er ist verblüffend großzügig und opferbereit.

Das Matthäus-Evangelium widmet der Erzählung seiner Geschichte großen Raum. Zu Beginn ist Josef in einer überaus heiklen, peinlichen, sogar ehrenrührigen Situation. Seine Verlobte, eine junge Frau, ist schwanger. Aber er kann gar nicht der biologische Vater sein, denn er hatte keinen Geschlechtsverkehr mit ihr. So stellt es Matthäus dar. Und es entspricht den gesellschaftlichen Gepflogenheiten, den Regeln von Anstand und Sitte, dass sich die Verlobten nur in Gegenwart Dritter treffen und gar keine Chance auf besondere Intimitäten haben. Was nun? Josef steht gedemütigt da. Denn in einer patriarchalen Gesellschaft geht es dem Mann an die Ehre, an seine Männlichkeit, wenn seine Frau sexuell mit einem anderen Mann verbunden ist und daraus auch noch ein Kind entsteht. War er selbst der Frau nicht genug? Findet sie ihn nicht attraktiv? Mangelt es ihm an Männlichkeit? Wenn sie schon vor der Eheschließung nicht auf ihn hört und alle Verbote und Tabus bricht, was soll das denn erst in der Ehe werden! Verletzt, gekränkt, ohnmächtig, stinkwütend – so ist die alltägliche Reaktion eines Mannes auf eine solche Situation.

Dabei hat Josef auch noch das Recht auf seiner Seite. Dieser Vorteil ist jedoch zweifelhaft. Josef kann die ohnmächtige Seite seiner Erfahrung umwandeln in eine Tat »voll Macht«. Das damalige Recht verleiht ihm sogar Übermacht, denn er hat die Möglichkeit, über Leben und Tod dreier Menschen bestimmen: das Leben seiner Verlobten, des ungeborenen Kindes und eventuell, in den seltenen Fällen, des leiblichen Vaters. Selbst wenn der andere Mann sie sexuell genötigt oder gezwungen hat, ist sie primär in Lebensgefahr. »Wenn ein unberührtes Mädchen mit einem Mann verlobt ist und ein anderer Mann ihr in der Stadt begegnet und sich mit ihr hinlegt, dann sollt ihr beide zum Tor dieser Stadt führen. Ihr sollt sie steinigen, und sie sollen sterben, das Mädchen, weil es in der Stadt nicht um Hilfe geschrien hat, und der Mann, weil er sich die Frau eines anderen gefügig gemacht hat.« (Dtn 22,23 f) Falls Josef den anderen Mann kennt, kann er beide anzeigen, falls nicht, zumindest die Frau. Sie selbst und das ungeborene Kind schweben in Lebensgefahr oder stehen zumindest unter der Drohung dieses alten Gesetzes.

Einige Jahre später wird Jesus mit Blick auf eine Ehebrecherin sagen: »Wer von euch ohne Sünde ist, werfe als erster einen Stein auf sie.« (Joh 8,7). Ob er wusste, dass er selbst von dieser äußerst grausamen Tötungsform bedroht war, als er noch nicht geboren war, lässt die Bibel offen. Josef konnte entscheidend dazu beitragen, dass Jesus leben kann. Er will es nicht ganz so schlimm kommen lassen, wie das Recht es ihm eventuell zubilligt. Er zeigt Maria nicht des Ehebruchs an, sondern will sie »nur« heimlich entlassen. »Josef, ihr Mann, der gerecht war und sie nicht bloßstellen wollte, beschloss, sich in aller Stille von ihr zu trennen.« (Mt 1,19) Dieser Formulierung ist die Bemühung des Evangelisten Matthäus anzumerken, Josef in einem positiven Licht darzustellen. Er betont, dass er gerecht war, bevor er sagt, was Josef tun will. Aber was ist gerecht an einer solchen Tat, die Maria zwar nicht umbringt, aber der öffentlichen Schande und gesellschaftlicher Ächtung anheimgibt?

»Diese verdeckte Bevormundung ist charakteristisch für das Patriarchat. Gönnerhafte Liebe nennt man das Liebespatriarchat: Liebe bei Anerkennung der Herrschaft« (Klinger 1997, 39). Anfangs ist Josef in diesem patriarchalen Denken und Handeln befangen. Aber wenn er auch nicht direkt mit seiner Verlobten spricht, so ist er immerhin bereit, über alternative Handlungsmöglichkeiten nachzudenken. »Während er noch darüber nachdachte, erschien ihm ein Engel des Herrn im Traum und sagte: Josef, Sohn Davids, fürchte dich nicht, Maria als deine Frau zu dir zu nehmen; denn das Kind, das sie erwartet, ist vom Heiligen Geist.« (Mt 1,20) Josef braucht die Vermittlung eines Engels, dieser Himmelswesen, die in der Bibel vielerorts zwischen Frauen und Männern vermitteln. Als er auf den Engel hört, gehen ihm die Augen auf und er wird zu ganz anderen Handlungen fähig.

Von Beginn an mutet Gott Josef einiges zu. Er muss Gerede, Klatsch und Tratsch befürchten. Er könnte diesen Zumutungen ausweichen, tut es jedoch nicht. Er folgt seiner Berufung, obwohl sie ihn verwundbar macht. Und dann kommt alles noch viel schlimmer. Aus fiskalischen Gründen kann er nicht zuhause bleiben, denn der Kaiser Augustus hat die Eintragung in Steuerlisten befohlen. Josef muss sich zusammen mit Maria auf den Weg in seinen Geburtsort machen, obwohl dies das Leben von Mutter und Kind gefährdet. Maria ist hochschwanger. Der mühsame Weg ist riskant.

Josef bekommt dies zu spüren, als die kleine Familie keinen Platz in der Herberge findet. »Er wird für die Unterkunft gesorgt haben unterwegs, mit nicht sehr großem Erfolg, wie man weiß. Alles ist überbelegt, die zu Zählenden drängen sich in der Nähe der Hauptstadt, es bleibt in der Herberge nur ein Stall« (Gregor-Dellin 1982, 120). Für einen Vater, der ein guter Vater sein will, ist es schwer, wenn er seiner Familie nicht die Lebensressourcen und den Schutz geben kann, den sie braucht. Es schmerzt. Und mit den schwierigen Vorgängen einer Geburt ist Josef wahrscheinlich auch nicht vertraut. Wenn er in der Ikonografie überhaupt genauer in den Blick kommt, wird manchmal gezeigt, wie er sich auf anrührende Weise nützlich zu machen versucht. Schützend beugt er sich über Mutter und Kind, um ihnen Geborgenheit zu schenken. Oder er kniet dicht am Boden, um ein wärmendes Feuer zu entfachen oder für seine Familie zu kochen. Er besorgt etwas zu essen, Brot und kleine Fische, die Armenspeise, wie die Mystikerin Mechthild von Magdeburg im 13. Jh. vermutet.[4]

Hier wird das erzählend ausgebaut, was unausgesprochen in der biblischen Geschichte steckt. Josef zeigt eine verblüffende Großzügigkeit. Obwohl er nicht der leibliche Vater Jesu ist, teilt er mit der Mutter und dem Neugeborenen die Lebensressourcen, die ihm zur Verfügung stehen. Dass dies alles andere als selbstverständlich ist, zeigen die vielen Kinder der Menschheitsgeschichte, die vaterlos aufwachsen. Josef aber setzt seine Kräfte und Kompetenzen ein, wo er nur kann. Er gibt, was er hat, ohne danach zu fragen, was für ihn bleiben wird. Er geht Risiken ein um anderer Menschen willen, ohne sich zögerlich darum zu sorgen, womit er dies wird zahlen müssen. Josef ist Zimmermann (vgl. Mt 13,55). Als Bauhandwerker kennt er sich mit Verwundbarkeit aus. Handwerker wissen aus praktischer Erfahrung, dass man das Risiko der Verwundung eingehen muss, wenn man ein großes Werk schaffen will.

Wie riskant sein weihnachtlicher Einsatz ist, zeigt sich in dem Moment, als der Machtzugriff durch Herodes erfolgt. Nun wird es wirklich gefährlich, auch für Josef. Der Evangelist Matthäus stellt das heraus, wenn er betont, dass die Familie Hals über Kopf vom Geburtsort ihres Kindes fliehen muss. »Als die Sterndeuter wieder gegangen waren, erschien dem Josef im Traum ein Engel des Herrn und sagte: Steh auf, nimm das Kind und seine Mutter, und flieh nach Ägypten [...], denn Herodes wird das Kind suchen, um es zu töten.« (Mt 2,13) Das ist nun wahrlich alles andere als idyllisch. Eine politische Macht trachtet dem Neugeborenen nach dem Leben. Diese Macht ist bei Weitem mächtiger als der kleine Zimmermann, der seine Wahlfamilie zu schützen versucht. Die Chance der Eltern, dass sie die politisch motivierte Tötung ihres Kindes überleben werden, ist gering. Spätestens jetzt könnte Josef sagen: Was kümmert es mich, es ist nicht mein Kind. Lukas nennt Maria während der Geburtserzählung noch immer »seine Verlobte, die ein Kind erwartete« (Lk 2,5). Er könnte das Todesrisiko meiden, indem er Maria verlässt. Aber das Gegenteil ist der Fall. »Da stand Josef in der Nacht auf und floh mit dem Kind und dessen Mutter nach Ägypten.« (Mt 2,14)

Wie Ochs und Esel zur Krippe kommen
Das Neue Testament erzählt nichts von Ochs und Esel an der Krippe. Aber das Alte Testament tut es: »Der Ochse kennt seinen Besitzer und der Esel die Krippe seines Herrn« (Jes 1,3). Die christliche Kunst überträgt diese allgemeine Feststellung auf die Krippe Jesu.

Hingabe wagen. Die Mutter Gottes Maria

Maria und Josef sind die Menschen, die in der Weihnachtsgeschichte das größte Risiko eingehen. Sie setzen ihre Verwundbarkeit aufs Spiel, um Jesus vor Verwun-

dungen aller Art zu schützen. Für sie kann die Bedrohung durch Herodes und die Flucht nach Ägypten tödlich ausgehen. Sie gehen mit ihrer eigenen Verwundbarkeit
sowie mit der hohen Verletzlichkeit des Kindes ganz anders um als der aggressive Herodes oder die gleichgülti-
gen Herbergsbewohner. Wie die Hirten und Sterndeuter
gehen sie das Risiko ein, verwundet zu werden. Damit
werden sie zum Vorbild für das, was einen weihnachtlichen Menschen ausmacht. Dabei nimmt Maria neben
dem eher schweigsamen Josef in der Bibel breiten Raum
ein. Sie steht im Zentrum von Erzählungen, die die
Weihnachtsgeschichten vorbereiten und dann an der
Krippe auf den Punkt bringen. Also gehen wir nochmals
zurück zum Anfang vor dem Anfang.

Ja Sagen zum Leben – das »Es werde« der Schöpfung

Jedes Kind hat eine Mutter. In der Geschichte haben
Frauen zwar nicht immer freiwillig und freudig die Aufgabe übernommen, ein Kind auszutragen und zur Welt
zu bringen. Für die Weihnachtsgeschichten ist die Frei-
willigkeit dieser besonderen Mutterschaft jedoch ein entscheidender Punkt. Wenn Gott Mensch werden will,
dann braucht er eine Mutter. Auch Jesus, der im Christentum als Gottes Sohn verehrt wird, wird daher geboren
von einer Frau. Nun könnte man vermuten, dass Gott
sich einfach einer Frau »bedient«, ohne dass sie die Wahl
hätte. Das Gegenteil ist jedoch der Fall. Mit jeder Schwangerschaft geht eine Frau das Wagnis der Verwundbarkeit
ein. Gott wünscht sich, dass die Mutter Jesu Christi dieses Wagnis aus freien Stücken eingeht. Aus diesem Grund
erzählt das Lukas-Evangelium, wie Gott sich Maria zu-
wendet und nach ihrer Zustimmung fragt. Ein Engel

kommt und holt ihr Einverständnis dafür ein, dass sie die Mutter Gottes wird und Jesus zur Welt bringt, ihm Fleisch und Blut verleiht (Lk 1,26–38).

Der Engel eröffnet seinen Besuch – seine »Heimsuchung«, wie dieses Ereignis traditionell genannt wird –, indem er Maria achtungsvoll grüßt. »Der Engel trat bei ihr ein und sagte: Sei gegrüßt, du Begnadete, der Herr ist mir dir.« (Lk 1,28) Engel sind erstaunliche Wesen. Sie haben keinen Körper, sind aber dennoch wahrnehmbar – zu sehen und zu hören für Menschen, denen sie sich offenbaren. Sie vermitteln zwischen Himmel und Erde, Gott und Mensch, Frauen und Männern. Sie sind keine Stimme aus dem Off. Hier geht es vielmehr um etwas Unerhörtes, das erhört werden will. Maria ist herausgefordert zu hören, wo kein Mensch ein Wort sagt; eine Anwesenheit zu spüren, die nicht sichtbar ist, sie aber trotzdem anspricht und eine Antwort erbittet; auf die Zeichen einer Ankunft zu achten, die noch im Verborgenen ruht. Sie ist umfangen vom Kommen des Geistes in ihren Körper, in den niemand eingedrungen ist. Die Philosophin Luce Irigaray beschreibt diesen Prozess eindrücklich und weitet ihn auf alle aktiv Empfangenden, alle »Marien« aus:

»Es ist zuweilen schwer, nicht zu verstehen. Das Leben, das man in sich trägt, zu akzeptieren, ohne seinen Ursprung zu kennen. Die Bewegungen zu spüren, die dich beleben, ohne zu wissen. Von Freude oder Schmerz getroffen zu werden, ohne diesen Moment vorauszusehen noch zu wählen. Sich für ein Ereignis bereit zu halten, dessen Fälligkeit einem entgeht. Sich von einem Vorbeikommen zeichnen zu lassen, dessen Fruchtbarkeit man nicht kennt. Schwer, Maria zu bleiben, mögliche Mutter

Gottes, ohne es wirklich gewollt noch erwartet zu haben. Ohne sicher zu sein, die notwendige Kraft, Hoffnung und das Vertrauen zu besitzen, um sich beim Empfang nicht zu verschließen. Um nicht auf die Treue gegenüber einer Ankunft zu verzichten. Die Gnade empfangen, das war noch gut! Aber sie auszutragen, in der Dunkelheit und dem Schweigen, das ist unendlich schwierig.« (Irigaray 1997, 111)

Wenn Menschen einander begegnen, so grüßen sie sich. Das ist für das menschliche Zusammenleben wichtig, denn es drückt Respekt und Wertschätzung aus. Wer mich grüßt, schaut mich an und verleiht mir Ansehen. Wer grußlos an mir vorbeigeht, schenkt mir keine (Be-)Achtung. Von Gott gegrüßt zu werden umfasst diesen menschlichen Gruß und geht zugleich über ihn hinaus. Denn dieser Gruß ist Wort Gottes. In ihm ist die Lebensmacht wirksam, die die Schöpfungsgeschichte des Alten Testaments beschreibt: »Es werde!« Vor diesem Hintergrund ist es aufschlussreich, mit welchem Wort Maria nach einigem Hin und Her ihre Zustimmung gibt.[5] Das griechische Wort »gignomai«, im Lateinischen »fiat«, ist das Wort aus der Schöpfungsgeschichte, wo es heißt: »Gott sprach: Es werde Licht. Und es wurde Licht.« (Gen 1,3) Genauso antwortet Maria: »Es werde mir gemäß deinem Wort.« Die Zustimmung Marias ist kein resignierendes Ja-Wort, das sich in das unveränderliche Schicksal eines Opfers fügt. Vielmehr ist es ein Ja zum »Es werde«, zur schöpferischen Macht Gottes, die neues Leben hervorruft.[6]

Wenn man die Einheitsübersetzung liest, so kann man diesen entscheidenden Punkt leicht übersehen. Die Einheitsübersetzung ist ökumenisch und wird daher häufig verwendet. Hier heißt es: »Ich bin die Magd des Herrn; mir geschehe, wie du es gesagt hast.« (Lk 1,38) Die »Magd des Herrn« erinnert an Geschlechterstereotypen, die den Männern das Herrschen und den Frauen das Dienen zuordnen. Aber mit »Herr« sind nicht die Herren der Welt gemeint, sondern Gott allein. Maria ist Gottes »Magd«, d. h. sie stellt sich in den Dienst seiner Menschwerdung. Sie spricht kein resigniertes »mir geschehe«, sondern sie selbst spricht das Wort der Schöpfung: »Es werde«.

Maria, eine junge Frau, stellt wie jede Mutter ihren Körper zur Verfügung, damit dieses neue Leben wachsen und selbst lebensfähig werden kann. Dennoch sind Schwangerschaft und Geburt keine ausschließlich körperlichen Angelegenheiten. Sie sind eine körperlich-geistige, eine spirituelle Herausforderung. Unvorhergesehene Dinge werden sich ereignen. Niemand hat das unter Kontrolle, was aus diesem noch unansehnlichen Leben später in der Welt werden wird. Es wird ein eigener Mensch sein, dessen Leben nicht plan- und berechenbar ist. Wenn eine Frau freiwillig Ja sagt zu einem Kind – und heute haben viele Frauen die Möglichkeit, Ja oder Nein zu sagen –, dann steht sie vor einer schöpferischen Herausforderung. Auf sie kommt eine gewagte Hingabe zu.

Jede Schwangerschaft kann scheitern. Das Kind kann verletzt sein, schon im Körper sterben, während der Geburt können irreversible Schäden entstehen. Auch die werdende Mutter kann Schaden erleiden an Leib und Leben. Diese Tatsache tritt in unserem Kulturkreis nicht mehr so deutlich zutage, ist aber dennoch eine Realität: Jede Schwangerschaft und Geburt gefährdet das Leben der Mutter. Sie hat Schmerzen zu befürchten, die sie an die Grenze des Erträglichen treiben. In vielen Geburten gibt es einen Moment, wo die Mutter denkt, dass sie zerrissen wird und sterben muss. Jede Geburt führt an die Grenze des Lebens. Schwangere wissen um diese Gefahren, die in ihrem »Zustand« lauern, und spüren sie am eigenen Leib. Zugleich ist klar: Das Leben geht nur dann weiter, wenn Frauen dieses Risiko der Geburt eingehen. Das verletzliche Leben, das zunächst nur aus wenigen Zellen besteht, birgt ungeahnte Chancen. Ein Kind kann die Welt verändern.

Die Hingabe, auf die sich Maria mit ihrer Schwangerschaft einlässt, ist besonders gewagt. Die sozialgeschichtliche Forschung besagt, dass sie aus einer finanziell ärmeren Bevölkerungsschicht kommt, weil sie zu Jesu Beschneidung nicht eine teure Ziege oder ein Schaf, sondern zwei Tauben mitbringt (vgl. Lk 2,24). Marias Lebenssituation stellt sie vor viele bange Fragen. Diese Stimme, die sie gehört hat – war sie wirklich eine Stimme des Himmels oder doch Einbildung und Trug? Wie soll sie das Kind ernähren? Was wird ihr Verlobter zu dieser Schwangerschaft sagen, die aus heiterem Himmel kommt? Wird sie mit sozialer Ächtung gestraft – oder muss sie samt ihrem Ungeborenen gar die Steinigung befürchten, weil das Kind unehelich ist? Maria lebt in einem gefährlichen Rechtszustand. Der Evangelist Lukas nennt sie noch in der Weihnachtsgeschichte, also zur Zeit der Geburt, Josefs »Verlobte« (Lk 2,5).

Den Weg der Verwundbarkeit gehen – mit Risiken und Nebenwirkungen

All diese Unsicherheiten, Fragen und Zweifel bringen Maria nicht von ihrer Zustimmung ab. Sie weiß, dass ihre Entscheidung mit Risiken und Nebenwirkungen reich bestückt ist. Um des neuen Lebens willen ist sie bereit, große Opfer zu bringen. Das Großwerden des Kindes wird sie auch erforderlich machen. Dies ist ein heikler Punkt, weil Opfer immer einen Verlust oder auch einen Schmerz mit sich bringen. Daher hat das Wort »Opfer« zunächst eher einen negativen Klang. Es wird assoziiert mit Unterwerfung, Selbstverleugnung, freudlosem Leben. Zudem wird in der patriarchalen Geschlechtertypologie von Frauen besondere Opferbereitschaft in diesem Sinn erwartet. Und dennoch ist es offensichtlich, dass es Opfer braucht, wenn Menschen schöpferisch, kreativ werden und sich in den Dienst des Lebens stellen wollen.

Daher ist eine Unterscheidung hilfreich, die es in der deutschen Sprache nicht gibt, wohl aber in der englischen. Hier unterscheidet man zwischen »victim« und »sacrifice«. Victim bedeutet, dass man Opfer von etwas wird: Ein Unfall, eine Katastrophe, eine Krankheit, ein Überfall fügen eine Verwundung zu. Hier ist man passiv erleidend, es passiert einem oder es wird von Anderen erzwungen. Das Sacrifice hingegen ist etwas Aktives.[7] Um eines höheren Zieles willen stellt man Anderen freiwillig eigene Ressourcen zur Verfügung: Zeit, Lebensmittel, Zuwendung, Geld, Energie, Kreativität. Die gewagte Hingabe Marias ist ein solches Sacrifice. Es ist nicht unterwürfig, auch wenn es victim-Anteile hat: Obwohl sie schwanger ist, muss sie beschwerliche Wege auf sich nehmen und in die Fremde gehen, später sogar überstürzt fliehen. Dennoch geht ihr Sacrifice nicht im Victim auf. Sie ist vielmehr eine freiwillige Gabe an das Leben, die überraschende Wirkungen hat. Aus diesem Grund ist es wichtig, dass der Engel kommt und ihre Zustimmung einholt. Andernfalls würde Gott sie zum Victim machen, das zusehen kann, wie es damit zurechtkommt. Gott will aber Maria nicht zum Victim machen, sondern erbittet von ihr eine Gabe, die das göttliche Leben eröffnet.

Sowohl die Bibel als auch die späteren kirchlichen Traditionen haben sehr wohl gewusst, dass dieses Sacrifice Marias schmerzliche Opfer einfordert, weil es ohne solche Opfer nicht geht. In der Tradition wird die Mutter Jesu aus gutem Grund »die Schmerzensreiche« genannt: Ihr wird prophezeit, dass ein Schwert durch ihre Seele dringen wird (Lk 2,35); sie muss vor dem König Herodes nach Ägypten fliehen (Mt 2,13–15); sie wird zusammen mit Josef den zwölfjährigen Jesus verlieren und wird ihn drei harte Tage lang auf einem Pilgerweg und in Jerusalem suchen (Lk 2,42–48); sie erfährt eine Zurückweisung durch Jesus während seines öffentlichen Auftretens (Mt 12,46–50); außerdem wird sie miterleben, dass ihr Sohn gefoltert wird, den Kreuzweg gehen muss und auf Golgotha einen grausamen Tod erleidet. In der Kunst wird später dargestellt, dass sie Jesu malträtierten und getöteten Leichnam nach der Kreuzesabnahme auf dem Schoß hält – die Marienfigur der »Pietà«.

Wenn man sich diese verschiedenen Schmerzen anschaut, so verwundert es nicht, dass Maria in der Volksfrömmigkeit eine wichtige Rolle spielt. Sie ist Sinnbild der Frau, die ein Kind zur Welt bringt und damit zur Erneuerung des menschlichen Lebens beiträgt. Die ständige Sorge der Eltern, ob ihr Kind sich auch wirklich gut entwickelt und dass es ihm wohl ergeht, begleitet auch Maria. In Diktaturen, wo die eigenen Kinder gefoltert und getötet werden, ist die Pietà eine zentrale Figur: Der unsägliche Schmerz über den Verlust des Kindes und die himmelschreiende Ungerechtigkeit seines Todes finden hier ihren Ort vor Gott. Aber auch in anderen alltäglichen Herausforderungen sagt Maria viel über die schmerzliche Seite des Lebens. Selbst Zurückweisungen durch das Kind und damit verbundene Konflikte von Ausschließung und Inklusion werden thematisiert. Maria bleibt nicht unberührt von dem, was ihr widerfährt. Sie ist bereit, den Weg der Verwundbarkeit zu gehen – mit Risiken und Nebenwirkungen.

Aber Maria erfährt nicht nur Schmerzen. Auf der anderen Seite stehen die Freuden und der Jubel, die aus ihrem schöpferischen Ja-Wort erwachsen. Neben dem schmerzreichen Rosenkranz gibt es daher sowohl den freudenreichen als auch den glorreichen Rosenkranz. Sie beschreiben die empfangenen Gaben und preisen die Auferstehung und Geistsendung Jesu. Maria ist auch »die Freudenreiche«: sie empfängt vom Heiligen Geist, sie kann zu ihrer Verwandten Elisabet gehen, sie bringt ein Kind zur Welt und findet den zwölfjährigen Jesus im Tempel von Jerusalem wieder. Mit ihrem Ja-Wort erklärt sich Maria zu einem Sacrifice bereit, das von ihr viele Victims fordert. Dennoch macht dieses Sacrifice sie keineswegs schwächer. Sie erlangt mit ihm eine neue Stärke.

Die Ikonografie kennt vor allem in der Gotik die stolze Maria, die aufrecht dasteht, ihr Kind im Arm hält und es den Gläubigen und der Welt präsentiert. Aber schon in der biblischen Weihnachtsgeschichte ist diese aufrechte Haltung, die um den eigenen Wert und die eigene Würde weiß, bereits thematisiert. Das zeigt die Erzählung, die sich der Heimsuchung durch den Engel anschließt. Nachdem Maria ihr Ja-Wort gesprochen und der Engel sie wieder verlassen hat, geht sie durch das Bergland von Judäa zu einer ebenfalls schwangeren Verwandten. Ob sie zuvor mit Josef gesprochen hat, bleibt offen. Wichtig ist die Begegnung mit Elisabet. Auch sie ist in keiner leichten Situation, denn sie ist eine alte Frau und wird demnächst ihr erstes Kind gebären. Ihr Mann ist ihr keine große Hilfe, denn er ist sprachlos und bringt kein Wort mehr heraus. Aber aus Maria brechen die Worte nur so hervor, als sie Elisabet begegnet. Sie singt das Magnifikat, ihren großen Gottes-Gesang. »Denn der Mächtige hat Großes an mir getan, und sein Name ist heilig. Er erbarmt sich von Geschlecht zu Geschlecht über alle, die ihn fürchten. Er vollbringt mit seinem Arm machtvolle Taten: Er zerstreut, die im Herzen voll Hochmut sind; er stürzt die Mächtigen vom Thron und erhöht die Niedrigen. Die Hungernden beschenkt er mit seinen Gaben und lässt die Reichen leer ausgehen.« (Lk 1,47–55)

Hier wird erneut die soziale Verortung deutlich, in der sich die christliche Weihnachtsbotschaft bewegt. Im Reich Gottes ist die Ordnung der Dinge anders, als sie in vielen Gesellschaften vorherrschend ist. Die Hungernden werden satt. Die Reichen genießen kein privilegiertes Ansehen, obwohl dies kulturell weit verbreitet ist. Sie erhalten nicht noch mehr, sondern gehen leer aus. Die Herrschenden, die in ihrer vorgeblichen Unverwundbarkeit dem Hochmut erliegen und ihre Macht missbrauchen, werden vom Thron gestürzt. Die Pläne der Stolzen, die ohne Rücksicht auf die Wunden Anderer agieren, macht Gott zunichte. Von ihnen wird Bekehrung eingefordert, die dazu führt, dass sie ihre Reichtümer zum Wohlergehen der Armen einsetzen. Die Armen haben Vorrang, die Verwundeten können auf Heilung hoffen und die Erniedrigten werden erhöht. Mit ihrem Magnifikat stellt sich Maria in diese andere Ordnung der Dinge.

Daher ist die schwangere Maria, obwohl sie und ihr Kind gefährdet sind, begeistert und voller Leben. Sie begreift Gott als die Macht derer, die von herrschenden Mächten und Gewalten an den Rand gedrängt und verwundet sind. Um Fleisch zu werden, geht das Wort Gottes nicht zu denen, die immer schon das Sagen haben. Vielmehr steht es denen zur Seite, die in ihrer Verwundung verstummt sind. Aus diesem Grund verhilft das Wort Gottes, das der Engel an Maria richtet, ihr zur Sprache. Maria vertraut dem Schöpfungswort »es werde« und wird zur Prophetin des Magnifikat. Sie bricht in einen Jubelgesang aus, in dem sie die schöpferische Lebensmacht Gottes besingt. Hier findet die Erniedrigte zu ihrer Stimme – kraftvoll, widerständig, lebensfroh.

Diese bejahende Lebenshaltung bewahrt sich Maria durch alle Turbulenzen hindurch. In besonderer Weise zeigt sich dies an Weihnachten. Als Maria in Betlehem ankommt, braucht sie dringend einen geschützten Raum, wo sie gebären kann. Als ihr dieser Schutzraum in der Herberge verweigert wird, beklagt sie sich nicht und schwört erst recht keine Rache. Der Ausschluss durch die Wohlhabenden scheint die junge Familie gar nicht zu bekümmern. So durchbrechen sie die Spirale der Gewalt, die in solchen Ausschließungen häufig in Gang kommt. Sie suchen sich einen anderen Ort, der die Geburt ermöglicht. Er liegt dem Lukas-Evangelium zufolge im ländlichen Raum, einem Ort, den Hirtinnen und Hirten geschaffen haben. Nun kann Maria gebären.

Auch und insbesondere die Geburt ist ein gewagter Akt der Hingabe. Eine Geburt fordert die Mutter mit allem, was sie ist. Sich nebenbei mit ganz anderen Dingen zu beschäftigen und vieles gleichzeitig zu machen, das ist hier gar nicht möglich. Mit jeder Faser des Körpers und mit jedem Funken des Geistes muss die Gebärende präsent sein. Die Wehen packen sie ganz und treiben auf die Geburt neuen Lebens zu. Das Leben der Mutter und das Leben des Kindes sind nun in Gefahr. Wenn aber das Kind dann endlich da ist und »das Licht

Und die Tiere?

Die Bibel geht auf diese Frage nicht ein, aber die Tradition hat diese Lücke phantasievoll gefüllt. Denn es ist selbstverständlich, dass sich in der Nähe einer Krippe Tiere aufhalten, die Wärme spenden, Lebendigkeit ausstrahlen, weite Wege erleichtern und Nahrung geben. Auch die Unterstützung von Tieren ist notwendig, damit das verletzliche Leben Jesu wachsen und gedeihen kann:

- Schafe, Ziegen, vielleicht ein Hund sind an der Krippe oder kommen mit den Hirtinnen und Hirten
- Kamele führen die Sterndeuterinnen und Sterndeuter durch die Wüste; ohne Kamele haben sie auf ihrem Weg durch die Dürre kaum eine Überlebenschance
- Ochs und Esel sind von der Krippe nicht wegzudenken, spätestens seit Franziskus sie dort platziert hat. Der Esel ermöglicht Maria, die von der Geburt geschwächt ist, die Flucht

der Welt erblickt«, dann ist es geschafft. Durchatmen ist angesagt. Wie bei vielen anderen Geburten, so bleiben auch die Eltern Jesu nicht allein. Besuch kommt, unangekündigt, überraschend, erfreulich. Denn es gibt etwas zu feiern: eine geglückte Geburt.

Flucht vor dem tödlichen Zugriff der Diktatur – sich selbst und Andere schützen

Das Titelbild dieses Buches zeigt das Gemälde »Die Flucht nach Ägypten« von Rembrandt. Dort geht Josef, ein Handwerker mit kräftigen Waden und belastbaren Füßen, voran. Als Handwerker weiß er, dass man Verwundungen riskieren muss, wenn man ein Werk erschaffen will. Die junge Mutter mit dem Neugeborenen im Arm ist schutzbedürftig und bietet Schutz zugleich: In ihren Armen ist das Kind geborgen.

»Winde dich, stöhne, Tochter Zion, wie eine gebärende Frau! Denn jetzt musst du hinaus aus der Stadt, auf freiem Feld musst du wohnen.« (Mi 4,10) Diese bedrohliche Prophezeiung aus dem alttestamentlichen Buch des Propheten Micha kann man auch auf die Familie Jesu beziehen. Maria und Josef müssen mit Jesus fliehen. Sie gehen nicht freiwillig in ein fremdes Land, sondern ihre Migration erfolgt aus politischen Gründen. Eine Staatsmacht greift unerbittlich zu und trachtet dem Neugeborenen nach dem Leben. Wenn Jesus eine Zukunft haben soll, dann muss sein Leben geschützt werden – sofort, ohne Zögern und mit aller Kraft.

Josef erkennt dies und handelt unverzüglich. Das Matthäus-Evangelium suggeriert, dass er sofort aufspringt, mitten in der Nacht, dass er hastig alles zusammenpackt und mit Frau und Neugeborenem aufbricht. Es bleibt keine Zeit. Eine dramatische Flucht erfolgt. Kurz nach einer Geburt außerhalb schützender Mauern müssen sie Hals über Kopf aufbrechen, denn sie sind von Mord und Totschlag einer skrupellosen Staatsmacht bedroht. Sie fliehen weg aus ihrem Heimatland und damit über politische, kulturelle, wirtschaftliche und religiöse Grenzen. Dies erfordert große körperliche Anstrengungen. Zugleich ist eine Flucht immer auch eine geistig-geistliche, eine spirituelle Herausforderung. Maria und Josef wissen, dass die Häscher des Herodes ihnen nachsetzen. Die Häscher sitzen ihnen im Nacken. Jederzeit müssen die Fliehenden daher wachsam sein und beobachten, ob sich ein Übergriff ankündigt. Sie beäugen Menschen und alles, was sich bewegt. Sie wissen nicht, wem sie vertrauen und wann sie rasten können. Zudem fördern die Häscher im Nacken nicht gerade einen gesunden, tiefen Schlaf. Ein Ohr bleibt immer offen. Das alles macht den beschwerlichen Weg noch schwerer.

Das Matthäus-Evangelium stellt Josefs Leistung besonders heraus. Er bleibt nicht dort, wo sein Leben und das seiner Familie bedroht sind, sondern er flieht auf dem weiten Weg nach Ägypten. Er geht nicht den leichten und sicheren Weg, sich seiner Verantwortung als sozialer Vater durch Abwesenheit zu entziehen. Er setzt vielmehr alles daran, das Überleben des Kindes zu sichern. Sein Verhalten führt die Notwendigkeit vor Augen, sich und Andere an der richtigen Stelle vor Verwundungen zu schützen. Josef ist verblüffend großzügig und opferbereit. Er könnte damit heute zum Vorbild für soziale Väter und Mütter aller Art werden – Menschen, die Hingabe wagen, indem sie Anderen Unterstützung und Schutz gewähren.

Maria und Josef riskieren ihr Leben, um ihr Kind vor Verwundung und Tod zu schützen. Menschen auf der Flucht sind äußerst verwundbar. In der Fremde können sie nicht auf das Entgegenkommen von Verwandten, Freundinnen und Freunden zählen. Sie müssen um ihr Wohlergehen, häufig sogar um ihr Leben bangen. Sie kommen an Orte, wo sie unerwünscht sind, weil sie als Bedürftige oder Drückeberger, Habenichtse oder gar Verbrecher eingestuft werden. Selbst diejenigen, die in ihrem Heimatland wohlsituiert waren, dann aber aus politischen Gründen fliehen müssen, kommen in ihrem Gastland in eine schwierige, weil ungesicherte Situation. Auch Flüchtlinge zeichnet eine hohe Verwundbarkeit aus: Sie können sich gegen Übergriffe aller Art nur bedingt zur Wehr setzen; sie verfügen nicht über notwendige Lebensressourcen und sind auf den Schutz durch Andere angewiesen.

Auch Jesus bleibt von der Flucht nicht unberührt. In Ägypten wird er zum Kind mit Migrationshintergrund. Als solches ist er den Gefährdungen des Lebens in besonderem Maß ausgesetzt. Er ist nicht zuhause, sondern in der Fremde. Und dennoch besteht Hoffnung auf eine große Zukunft, die sich später auch tatsächlich realisiert.

Begeistert das Leben feiern – der Zauber von Weihnachten

Die Eltern fliehen aber nicht, ohne zuvor einen hilfreichen Reiseproviant zu erhalten: die Zuversicht des weihnachtlichen Geburtsfestes. In der Unbehaustheit der Krippe finden sie Geborgenheit. Diesen Reiseproviant werden sie auf ihrem gefährlichen Weg dringend brauchen. Wenn man vor dem Hintergrund der bevorstehenden Flucht das Weihnachtsfest nochmals in den Blick nimmt, so wird besonders deutlich, worin bis heute der Zauber von Weihnachten liegt. Bei allen Frauen, Männern und Kindern, die an die Krippe kommen, hat man es mit Menschen zu tun, die hingebungsvoll leben. Sie alle wagen Hingabe und gewinnen auf diesem Weg Leben.

Hingabe – das ist ein Wort voller Tücken. Es mag an Naivität erinnern, an kitschige Liebesromanzen, in denen junge, schöne Menschen nur so dahinschmelzen. Oder es ruft die unzähligen Soldaten ins Gedächtnis, die in unzähligen Kriegen »hingegeben« wurden und einen grausamen Tod fanden. Vielleicht ist das Wort wegen Verkitschungsgefahr, aber auch wegen seines Gewaltpotentials aus der Mode gekommen. Aber es benennt etwas, das für ein leidenschaftliches Leben dennoch unerlässlich ist. Ohne Hingabe erschließt sich das Leben nicht. Aber man muss wissen, wozu man solche Hingabe wagt und ob dieses Wagnis im Dienst des Lebens oder des Todes steht.

Das Substantiv »Hingabe« ist im Deutschen selten geworden. Aber das Adjektiv »hingebungsvoll« gibt es noch. Man spricht davon, dass Handwerker hingebungsvoll ihr Handwerk ausüben. Bei Kindern lässt sich besonders gut beobachten, dass man auch hingebungsvoll spielen kann. Man geht hingebungsvoll einer Kunstrichtung nach oder übt auf diese Weise ein Ehrenamt aus – was sehr wahrscheinlich ist, denn Ehrenämter hat man freiwillig übernommen. Wenn man aber etwas hingebungsvoll tut, wenn man sich ganz hineingibt und leidenschaftlich bei der Sache ist, so fließt die Lebendigkeit des

Lebens zu. Das zeigt sich bei dem noch häufig und sehr gern gebrauchten Ausdruck: »sich hingebungsvoll küssen«. Es verweist auf das Erotische, das der Hingabe innewohnt. Denn in der Liebe erfährt man die höchste Intensität des Lebens überhaupt. Und in der Liebe ist ohne Hingabe nichts zu machen.

Von solcher hingebungsvollen Liebe zu Gott, zu den Mitmenschen und zum neugeborenen Kind sind die Menschen bewegt, die sich rund um die Krippe versammeln. Sie sind bereit, das miteinander zu teilen, was sie haben, selbst wenn es nicht viel zu sein scheint. Aber alles, was sie geben, dient dem Aufblühen des Lebens. So gewinnt der Ort Bet-Lehem seine Bedeutung zurück, es wird zum »Haus des Brotes«. Die Menschen an der Krippe gehören nicht zu denen, die gesellschaftlich als die Reichen gelten. Eher stehen sie auf der Seite der Armen und Marginalisierten, selbst die Sterndeuter sind Fremde im fremden Land. Aber sie überwinden den Status der Marginalisierung, indem sie eine neue Kultur des Teilens etablieren. An der Krippe sind nicht die vielsagenden Führungskräfte eines Staates oder die Künstler und Wertschaffenden einer Gesellschaft die Kulturschaffenden, sondern jene, die sonst nichts zu sagen haben. Auch das zeichnet Weihnachten aus: Die Menschen, die von Armutserfahrungen geprägt sind, werden zu Kulturschaffenden. Denn mit aller Selbstverständlichkeit rufen sie eine Kultur des Teilens ins Leben.

Und dann stehen sie zusammen an der Krippe und erleben das unsägliche Glück, dass eine Geburt geglückt ist. Jede Geburt erneuert das Leben und schenkt denen, die dabei sind und mitwirken, einen neuen Anfang. Die Gegenwärtigkeit dieses Augenblicks – sie macht den

Zauber des Weihnachtsfestes aus. Die Hirtinnen und Hirten wissen nicht, was sie nach der Rückkehr zu ihren Schafen, hinaus aufs freie Feld, erwartet. Die Sterndeuter wissen nicht, ob sie mit heiler Haut wieder nach Hause zurückkommen werden. Maria und Josef wissen nicht, was nach der Geburt auf sie zukommt. Aber das alles tritt zurück. In diesem Augenblick von Weihnachten verlieren Sorgen und Nöte gänzlich ihren Zugriff auf das Leben. Alle sind präsent, ganz da, ganz wach und gegenwärtig. Niemand schaut griesgrämig, missmutig oder gar rachsüchtig drein. Mit dem Blick auf das Neugeborene in der Krippe bricht sich das Leben leidenschaftlich Bahn. Die Geburt ist geglückt. Das Leben eines jeden Menschen an der Krippe erneuert sich und ist ganz und gar präsent. So wird die Geburt an einer armseligen Krippe zu einem Ort voller Leben, der Liebe und Geborgenheit ausstrahlt.

3. Inkarnation – Gottes Wagnis der Verwundbarkeit

Was bedeutet »Inkarnation«?

Inkarnation ist ein theologischer Fachbegriff, der aus dem lateinischen Wort »caro«, »Fleisch« entwickelt wurde. Er bezeichnet die »Fleischwerdung« Gottes in Jesus Christus: in-carn-atio. Interessanterweise steckt in dem Wort zugleich das lateinische »natio«, das Geburt bedeutet. Die Menschwerdung Gottes vollzieht sich als »In-Fleisch-Geburt« (in-car-natio).

Der Weg jener Menschen, die ihre Verwundbarkeit für das Neugeborene aufs Spiel setzen, führt zu Jesus an die Krippe. Es ist der Weg von säkularen Fragen des Zusammenlebens hin zu der religiösen Dimension, die in diesen Fragen wirksam ist. Aus Sicht des Christentums ist Verwundbarkeit ein Thema der Menschen und daher auch ein Thema Gottes. Denn es ist Gott selbst, der in diesem Kind in der Krippe Mensch wird. Der Glaube an die »Fleischgeburt«, die Inkarnation Gottes in Jesus Christus zeichnet das Christentum aus.

Die Frage, wie Gott in die Welt kommt, bewegt die verschiedensten Religionen. Das Thema *Inkarnation* wird zwar auch in anderen Religionen diskutiert, allerdings in einem weiteren Sinn von »präsenzschaffende Überschreitung«.[8] Auch die großen, weltweit verbreiteten Religionen beantworten die Frage »Wie kommt Gott in die Welt?« recht unterschiedlich. Das Christentum gibt seine Antwort an Weihnachten, indem es sagt: Gott wird geboren. Er kommt zur Welt als Kind, leiblich geboren von einer Frau. Dass Gott wahrer Mensch wird in diesem *einen* Menschen, zu einer bestimmten Zeit und an einem bestimmten Ort, das ist spezifisch christlich. Inkarnation, in das Fleisch hineingeboren sein, eröffnet den Heilsweg Jesu Christi von der Krippe bis zum leeren Grab.

Das Kind in der Krippe – *verwundbar*

Das Überraschende an Weihnachten ist die Botschaft, dass Gott als Mensch geboren wird. Nackt und bloß, klein und verletzlich, hilflos in allem – so kommt Gott zur Welt. Gott offenbart sich als schutzbedürftiger Säugling. Wie unerhört diese Botschaft ist, wird deutlich im Vergleich zu dem, was die Menschen damals kannten. In der hellenistisch-römischen Kultur werden kampfeslustige Helden oder machtvolle Kaiser relativ häufig als Götter verehrt. Sie wurden »deifiziert«, d. h. zu Gott gemacht.[9] Auch andere Götter treten in menschlicher Gestalt auf. Aber all diese Götter sind nicht arm, ohnmächtig oder marginalisiert. Sie treten stark und machtvoll auf. Sehr anschaulich führt das die Göttin Athene vor Augen. Sie wird nicht ganz gewöhnlich von einer Frau geboren, und sie ist überhaupt niemals ein verletzlicher Säugling. Vielmehr entspringt sie dem Kopf des Göttervaters Zeus – als erwachsene Frau und in voller Kampfausrüstung. Sie kommt zur Welt mit einer schützenden Rüstung und mit Waffen in der Hand. Sie ist aggressiv und sofort kriegsbereit. Das demonstriert sie unübersehbar mit Rüstung, Waffen und nicht zuletzt mit ihrer kriegerischen Körperhaltung.

Ganz anders Jesus. Er kommt ohne Rüstung, ohne Schutzschilde und ohne Waffen. Er ist noch nicht einmal erwachsen. Als Säugling ist er aufs Äußerste verwundbar, denn er ist großen Risiken an Leib und Leben ausgesetzt. Er besitzt keine eigenen Ressourcen, sondern er ist darauf angewiesen, dass Andere ihn mit dem versorgen, was für sein Überleben notwendig ist. Er braucht tägliche Körperpflege, die Andere für ihn leisten. Er braucht Nahrung, die Andere ihm zur Verfügung stellen. Und er braucht vielfältigen Schutz vor zu großer Hitze oder Kälte, vor Sturm und Blitzeinschlag, vor dem Angriff wilder Tiere und Menschen. Er kann sich nicht aus eigener Kraft gegen Angriffe verteidigen. Wenn er krank wird, kann er nicht einmal sagen, wo es ihm wehtut und was eigentlich los ist, denn er verfügt noch nicht über die menschliche Sprache.

Säuglinge sind generell ein Symbol für das, was heute »Vulnerabilität« genannt wird. Diese Verwundbarkeit verschärft sich noch bei Kindern, die in der Fremde oder auf der Flucht zur Welt kommen. Auch Jesu Verletzlichkeit ist potenziert, denn seine Eltern können ihm nicht den Schutz und die Geborgenheit eines Zuhauses bieten. Weil sie aus steuerpolitischen Gründen ihren Wohnort verlassen mussten, sind sie während seiner Geburt in der Fremde. Einige Jahrhunderte später, in der Zeit des Hochmittelalters, greift die Mystikerin Mechthild von Magdeburg diese »Outdoor-Geburt« auf. Sie begreift die bedrohliche Macht, die im »Draußen«, in der Ausschließung liegt. Mechthild geht davon aus, dass Jesus arm, machtlos und gefährdet ist. Er wird geboren »am Straßenrand in der Nacht, in Betlehem in der Fremde, wo Maria selbst ein armer Gast ohne Herberge war«. Maria wickelt ihn in ein grobes Tuch und legt ihn in eine Krippe, so dass er »hart gebettet« wurde (Mechthild von Magdeburg 2003, 367, FLG V,23). Die mittelalterliche Armutsbewegung, zu der Mechthild gehört, stellt das Ungeschützte der Geburt deutlich heraus.

Den Grundstein hierzu hat Franziskus von Assisi gelegt, der die Krippe als Ort der Armut begreift – und zugleich als Ort der Verheißung präsentiert. In einer wegweisenden Zeichenhandlung inszeniert er 1223 das Weihnachtsfest auf ganz besondere Weise. »Ich möchte mich gern an das Kind erinnern, das in Betlehem geboren wurde, und mit meinen Menschenaugen die Schwierigkeiten seiner ärmlichen Kindheit sehen, wie es in der Krippe liegt und zwischen Ochs und Esel ins Heu gebettet wurde.«[10] Er wählt eine Felsgrotte an einem steilen Berghang bei Grecchio, die alltäglich als Stall genutzt wird. Eine strohgefüllten Krippe mit einem Säugling sowie mit Ochs und Esel zur Seite führt den Feiernden, die aus allen Himmelsrichtungen zu dem Ereignis strömen, die Menschwerdung Gottes leibhaftig vor Augen. Die Krippe Jesu ist ein Ort der Armut. Aber weil Gott an diesem Ort Mensch wird, verwandelt sich dieser Ort. Die weihnachtliche Krippe ruft eine andere Ordnung der Dinge ins Leben. Denn Gott wird nicht in einem wohl geschützten und reich geschmückten Palast geboren, sondern in der verwundbaren Armut einer Futterkrippe im Freien. All das, was mit dem Geburtsort Jesu verbunden ist, verkörpert sich in der Krippe.

Das Lukas-Evangelium macht diese armselige Krippe zum Ort der Gottesgeburt. Nicht erst das Kreuz Jesu, sondern schon sein Geburtsort ist eine Ungeheuerlichkeit, ein Skandalon, eine Provokation: Der König des

Himmels, Gottes eigener Sohn, kommt nicht in reich geschmückten, prunkvollen, großzügig angelegten repräsentativen Räumen eines Palastes zur Welt, sondern dort draußen, wo eine Futterkrippe steht. Er kommt nicht als Königssohn, der mit allen Lebensmitteln und Privilegien ausgestattet wird. Die Krippe verweist darauf, dass Jesus in Verwundbarkeit hineingeboren wird. Dieser Ort auf dem Land macht nichts her. Er ist so unerwartet, dass sich die drei Sterndeuter aus dem Osten erst einmal verlaufen und im Palast des Königs Herodes landen. Dort ist die herrschaftliche Welt des Kaisers Augustus präsent und übt mit Steuerlisten eine Macht aus, die sich an finanziellen Ressourcen und öffentlichem Ansehen orientiert. Aber diese Ordnung der Dinge erhält mit der Krippe eine Gegenplatzierung.

Jesus kommt als Kind armer, umherziehender Leute zur Welt. Er wird nicht in eine fein gepolsterte Wiege gelegt, sondern in eine Krippe. Aber wenn Gott selbst Mensch wird und in der Krippe Hand und Fuß bekommt, dann verändert sich auch der Ort, an dem dies geschieht. Mit der Krippe schreibt Gott der Armut das Zeichen der Liebe ein, die alles verwandelt. Denn die Inkarnation ist ein Akt der Menschenliebe Gottes, die ungeahnte Reichtümer eröffnet. Indem Jesus in der Krippe zur Welt kommt, wandelt sich diese zu einem Andersort, wo die Ordnung der Dinge eine Wende erfährt.[11] Unter den zerlumpten Hirten und fremden Sterndeutern, die die unerhörte Botschaft von der Ankunft Gottes im Stall erhören, bricht Friede an. Die Armen beklagen nicht ihre Armut, denn ihnen wird der Reichtum der Gottesliebe offenbart. Sie schöpfen Kraft und Lebensmut. Zu Recht werden die Hirten und Magier in Krippendarstellungen als lebendige, ergriffene, bewegte, fröhliche, »liebevolle« Menschen dargestellt. An der Krippe leuchten Lebensperspektiven auf, die ihrem Alltag neue Orientierung und neuen Lebensschwung geben. In der Krippe ist die Verheißung der Auferstehung bereits präsent – und wirksam dort, wo sie Liebe und Frieden stiftet.

> **Das Kind in der Krippe**
> Im Neuen Testament ist nicht von einem Stall die Rede, aber Lukas erwähnt die Krippe (Lk 2,7). Hier liegt die Vermutung nahe, dass es sich um einen geschützten Unterstand für Tiere handelt, einem Stall in weiterem Sinn. Matthäus kennt weder Krippe noch Stall. Er spricht bei dem Geburtsort von einem »oikos«, also einem Haus oder einer Behausung (Mt 2,11).

Inkarnation – ein gewagter Akt der Migration

Bei der Geburt Jesu zeigt sich eine doppelte Potenzierung. Jedes neugeborene Kind ist verwundbar. Mehr noch gilt dies für Kinder, die außerhalb schützender Mauern geboren werden. Und nochmals mehr für Kinder, deren Eltern auf der Flucht sind. Ist Jesus schon als ungeborenes Kind gefährdet, weil seine Mutter mühsame Wege gehen muss, so wächst die Gefahr noch, als seine Eltern wegen ihm und mit ihm fliehen müssen. Die Verwundbarkeit des soeben geborenen Jesus gewinnt ihren Höhepunkt mit der Flucht vor einer politischen Macht und der Emigration in ein Nachbarland. Vulnerabilität ist für alle Migrantinnen und Migranten eine Herausforderung. Selbst wer freiwillig weggeht, weil beispielsweise die Arbeitsbedingungen woanders besser sind oder weil man dem Ruf der Liebe folgt, setzt sich einer erhöhten Verwundbarkeit aus. Denn man verlässt vertraute Orte und soziale Beziehungen. Aber die Vulnerabilität potenziert sich nochmals deutlich bei Menschen, die fliehen müssen. Sie wissen nicht, ob sie jemals zurückkehren können, und verlieren ihre Heimat.

Solche Heimatlosigkeit bringt das Lukas-Evangelium andernorts in einer ausdrucksstarken Metapher, einer Migrationsmetapher, ins Wort. »Die Füchse haben ihre Höhlen und die Vögel ihre Nester; der Menschensohn aber hat keinen Ort, wo er sein Haupt hinlegen kann.« (Lk 9,58) Lukas bringt hier die Ausgrenzung Jesu auf den Punkt, die mit der Geburt in der Fremde und der Flucht nach Ägypten beginnt. Theologisch ist dies sehr aufschlussreich. Bereits die biblischen Weihnachtsgeschichten geben den Anstoß zu einer Theologie der Verwundbarkeit, in der Migration eine besondere Rolle spielt. Dabei geht es nicht nur um die Flucht der jungen Familie. Vielmehr machen die Evangelien »Migration« zu einem Schlüsselbegriff christlichen Glaubens. Nicht nur Maria, Josef und ihr Kind migrieren, sondern auch Gott selbst. Die Inkarnation, die Menschwerdung Gottes, ist selbst ein Akt der Migration.

Das mag auf den ersten Blick als eine sehr steile These erscheinen. Aber die Wortgeschichte zeigt, dass diese ungewöhnliche Beschreibung naheliegend ist. Denn das lateinische »migrare« bedeutet allgemein »den Ort wechseln« und speziell auswandern, eine Grenze überschreiten.[12] Nichts anderes tut Gott in der Inkarnation. Gott, das absolute Gegenüber, der Schöpfer der Welt, wechselt den Ort und geht mitten in die Schöpfung hinein. Es gibt keinen größeren und riskanteren Weltenwechsel. Von einem wohl geschützten, geradezu unverwundbaren Ort aus geht er an einen unsicheren Ort, der voller Gefahren ist. In Jesus Christus macht sich Gott verwundbar und angreifbar. Er begibt sich in die Hände von Menschen und ist auf deren Zuwendung angewiesen – oder ihrer Grausamkeit ausgeliefert. Die Fleischwerdung Gottes in Jesus Christus ist ein äußerst riskanter Ortswechsel, ein gewagter Akt der Migration.

Voraussetzung ist hierfür allerdings, dass Gott nicht nur zum Schein, sondern tatsächlich Mensch wird. In der frühen Kirche wurde diese Frage hitzig diskutiert. Hat Gott in einer Art Verkleidung und nur zum Schein ein menschliches Aussehen angenommen – oder ist er wahrhaftig Mensch geworden? Gnostische Strömungen, die alles Fleischliche als Unwert ansahen und ablehnten, waren damals weit verbreitet. Sie vertraten den sogenannten Doketismus, die Schein-Theorie. Gegen diese Auffassung führte die Theologie die Geburt ins Feld. Sie wurde zum Hauptargument gegen gnostisches, fleischloses Denken. Die frühen Konzilien entschieden sich konsequent für diese Richtung und betonten deswegen das Geborensein Jesu.[13] Das Kind in der Krippe, geboren von einer jungen Frau, steht dafür, dass Gott sich nicht verkleidet oder tarnt. Gott kommt nicht als Trojaner, der sich aus polit-strategischen Gründen als etwas ausgibt, das er nicht ist. Jesus wird tatsächlich geboren als verletzlicher Winzling, hineingeboren in Unsicherheit und Gefahr. Gott verharrt nicht in einer erhabenen Position, sondern gibt sich in Jesus den körperlichen und seelischen Bedingungen menschlichen Lebens anheim. Inkarnation ist Migration hinab, dorthin, wo Menschen unterwegs und auf der Flucht vielfältigen Gefahren ausgesetzt sind.

Auch für diese migrierende Bewegung hinab hat die Theologie einen Fachausdruck geschaffen: Kenosis. Hier war der Philipperhymnus der Bibel (Phil 2,5–11) sprachprägend, der über Jesus schreibt: »er entäußerte sich und wurde wie ein Sklave und den Menschen gleich [...] er erniedrigte sich und war gehorsam bis zum Tod, bis zum Tod am Kreuz.« Das hier verwendete Verb »er entäußerte sich« zusammen mit »er erniedrigte sich« wird unter »Kenosis« gefasst. Gott begibt sich hinab in die Niederungen des konkreten Lebens. Er steigt herab, ohne aber »herablassend« zu sein. Die Künstlerin und Theologin Benita Joswig (gest. 2012) hat dies mit einer ganz einfachen, aber vielsagenden Metapher beschrieben: »Gott bückt sich.«[14]

Wenn Gott sich so in das menschliche Leben hineinbegibt, dann setzt er sich allen Risiken aus, die seiner Schöpfung eingeschrieben sind. Der menschgewordene Sohn Gottes stellt sich der Gefahr der »naturalen, sozialen und kulturellen Destruktion«.[15] Dass *Gott* sich so verhält, das ist erstaunlich. Denn *Menschen* wollen nicht verletzt werden. Sie schützen sich vor Verwundungen, weil Wunden schmerzlich sind und lebensbedrohlich werden können. Gott aber antwortet auf die Risiken des Lebens und die Wunden der Welt nicht, indem er sich unverwundbar hält. Vielmehr antwortet er mit einer gewagten Gabe, einer Hingabe seiner selbst. Um die Verwundbarkeit der Welt zu heilen, stellt sich Gott ihr. Indem Gott in einer kenotischen Bewegung Mensch wird, geschieht daher etwas Signifikantes. Das Christentum schreibt der Inkarnation, Gottes Wagnis der Verwundbarkeit, Heilsbedeutung zu. Worin aber liegt dieses Heil?

Die Botschaft von Weihnachten –
Selbsthingabe wagen

An Weihnachten setzt Gott ein Zeichen der Humanität. Denn in Jesus Christus führt er vor Augen, was es heißt, Mensch zu werden und human zu leben. Selbstverständlich ist es wichtig, sich vor Verwundungen zu schützen und Schmerzen gering zu halten. Man kann nicht ständig alle möglichen Risiken eingehen und das Leben leichtfertig aufs Spiel setzen. Selbstschutz ist unverzichtbar. Aber damit ein Leben als »menschlich« zu bezeichnen ist, braucht es zugleich jenes Wagnis der Hingabe, das Leben eröffnet. Menschwerdung vollzieht sich als Praxis der Humanität. Wer aber human leben will, darf das Wagnis der Hingabe nicht scheuen. Dies zeigt das Weihnachtsfest. Gott hat nicht eine verwundbare Welt erschaffen, um sie dann gleichgültig sich selbst zu überlassen – oder sich gar von oben herab interessiert, aber distanziert anzuschauen, was daraus wird. Sondern in Jesus Christus geht Gott selbst das Wagnis der Verwundbarkeit ein.

Gott wird Mensch und verbindet sich damit auf die innigste Weise, die überhaupt möglich ist, mit den Menschen. Jesus wird hineingeboren an einen bestimmten Ort und in eine bestimmte Zeit. Er lebt in einem sozialen Milieu, seine Familie ist jüdischen Glaubens, sein Volk befindet sich in einer bestimmten politischen Situation. Inkarnation bedeutet, dort wirklich hineinzugehen und sich mitten in den Fragen und Herausforderungen der eigenen Zeit zu positionieren. Mit der Inkarnation erfahren die Menschen Gottes unbedingte Solidarität. Gott lässt sich auf das menschliche Leben ein, nimmt es selbst auf sich und teilt es mit all den Anderen. Gott nimmt die Menschheit an, und zwar im doppelten Sinn des Wortes »annehmen«: Gott wird selbst Mensch und akzeptiert die Menschheit mit all dem, was die Fleischlichkeit ausmacht.

Im 20. Jahrhundert stellt das Zweite Vatikanische Konzil diesen inkarnatorischen Charakter des christlichen Glaubens heraus. »So hat der Sohn Gottes die Wege wirklicher Fleischwerdung beschritten, um die Menschen der göttlichen Natur teilhaft zu machen; unseretwegen ist er arm geworden, da er doch reich war, damit wir durch seine Armut reich würden.« (Ad Gentes, AG 3) Wenn Gott als Mensch geboren wird, dann verändert das die Menschheit. Das Himmlische schreibt seine Gravuren in das Irdische ein. Mit der Christologie, der Lehre von der Menschwerdung Gottes in Jesus Christus, wird »Menschwerdung« daher zum Schlüsselbegriff christlicher Gottesrede. Das Zweite Vatikanum, dessen Theologie wesentlich geburtlich orientiert ist, thematisiert das in seiner Pastoralkonstitution besonders pointiert. Die Menschwerdung der Menschen wird hier christologisch begründet:

»Tatsächlich klärt sich nur im Geheimnis des *fleischgewordenen Wortes* das Geheimnis des Menschen wahrhaft auf. […] Da in ihm *die menschliche Natur* angenommen wurde, ohne dabei verschlungen zu werden, ist sie dadurch auch schon in uns zu einer erhabenen Würde erhöht worden. Denn er, der Sohn Gottes, hat sich in der Menschwerdung gewissermaßen mit jedem Menschen vereinigt. Mit Menschenhänden hat er gearbeitet, mit menschlichem Geist gedacht, mit einem menschlichen Willen hat er gehandelt, mit einem menschlichen Herzen geliebt. Geboren aus Maria, der Jungfrau, ist er in Wahrheit einer aus uns geworden, in allem uns gleich außer der Sünde.« (Gaudium et Spes, GS 22)

Mit der Geburt Jesu Christi erlangt die menschliche Natur eine neue Würde, denn Gott selbst wird Mensch. Damit geht Gott zugleich auf alle zu, die ebenfalls zur Hingabe im Zeichen der Humanität bereit sind. Aus diesem Grund wird die Gottesgeburt nicht von den Wohlhabenden der Herberge bezeugt, denn sie behalten ihre Lebensressourcen für sich; auch nicht von den Großen am Königshof, die ihre Machtmittel rücksichtslos einsetzen. Zu Zeuginnen und Zeugen der Gottesgeburt werden vielmehr die dahergelaufenen Sterndeuter, die nach riskanten Wegen endlich zur Krippe finden, sowie die Hirtinnen und Hirten auf freiem Feld, die eine besondere Einladung des Himmels erhalten. Genauso wie Maria und Josef sind sie bereit, Hingabe zu wagen, damit verletzliches Leben leben kann. Sie alle spiegeln das, was Gott in der Inkarnation tut. Gott macht sich klein und verletzlich, um den Kleinen und Schwachen Stärke zu verleihen.

Damit wird der Kern des christlichen Glaubens beschrieben, die Menschwerdung Gottes und der Menschen. »Inkarnation« bedeutet allgemein: in das verletzliche Fleisch, in den Körper hineingeboren werden. Zunächst ist damit der Glaube bezeichnet, dass Gott in Jesus, dem Sohn Marias, Mensch wird. Aber Inkarnation bezieht sich nicht nur auf Jesus Christus. Vielmehr bildet das Ins-Fleisch-geboren-Werden die Grammatik christlicher Existenz. Sie ist die Struktur, die christlichem

Denken und Handeln zugrunde liegt. Lässt man die Fleischwerdung beiseite, bricht die christliche Gottesrede zusammen. Christus folgend, liegt die höchste menschliche Berufung in der Menschwerdung im Fleisch, und das heißt: in den konkreten Realitäten der eigenen Zeit. Sie geschieht in der Berufung zur Menschwerdung im Wagnis der Inkarnation.

Wie eben zitiert, sagt das Dekret über die Missionstätigkeit der Kirche, dass Gott Mensch wird, »um die Menschen der göttlichen Natur teilhaft zu machen« (AG 3). Diese Teilhabe ist nichts Außerirdisches, sondern sie ist eine inkarnatorische Größe. Sie geschieht in einer Praxis der Fleischwerdung. Daher ist die christliche Berufung eine Aufgabe, die Hingabe erfordert, wo es um Verantwortung für die Gestaltung der Welt geht. Sie vollzieht sich in persönlichen Beziehungen, sozialen Verortungen, politischen Herausforderungen und kulturellen Diskursen.

Biblisch meint »Hingabe« das Leben Jesu von Verkün-

Theologie der Geburt

Im Markus- und im Johannes-Evangelium gibt es keine Geschichte von der Geburt Jesu.

Markus lässt nach einer prägnanten Einleitung die Erzählung mit Jesu öffentlichem Auftreten beginnen; dessen Geburt ist für das älteste der vier Evangelien kein besonderes Thema.[16]

Johannes bietet ebenfalls keine Erzählung von den Ereignissen rund um die Geburt. Aber er fasst die Geburt in theologische Begriffe und initiiert so eine Theologie der Geburt: »Und das Wort ist Fleisch geworden und hat unter uns gewohnt« (Joh 1,14).

digung und Geburt über sein Wirken als Reich-Gottes-Praktiker bis zu Tod und Auferstehung. Im heutigen Sprachgebrauch wird Hingabe oft als etwas Passives verstanden, wo man letztlich ein Opfer im Sinne von Victim wird: Man erleidet Gewalt. Aber bereits das schöpferische Ja-Wort Marias, das alle Risiken und Nebenwirkungen umfasst, zeigt, dass Hingabe ein aktives Sacrifice sein kann. Auch Jesu hingebungsvolles Leben ist nicht unterwürfig, auch wenn Victims erforderlich sind. Jesus führt vor Augen, dass in der Hingabe an Gott, an die Menschen und die Schöpfung eine Macht am Werk ist, die Leben stiftet, die beflügelt und inspiriert. Diese »Macht aus Verwundbarkeit«[17] erfahren nur diejenigen, die das Wagnis der Hingabe eingehen.

Position beziehen und sich angreifbar machen – die prophetische Reich-Gottes-Praxis Jesu

Im Alter von dreißig Jahren, so sagt es die Tradition, tritt Jesus gezielt in die Öffentlichkeit. Hier führt er das Wagnis der Verwundbarkeit fort, das mit der Inkarnation begann. Auf seinen öffentlichen Auftritt hat Jesus sich gründlich vorbereitet. Im jüdischen Glauben fest verwurzelt, kennt er die prophetischen Traditionen, die die sozialen Ursachen von Armut anprangern und die Stimme gegen Ungerechtigkeit und Ausbeutung erheben. Bevor er seine Tätigkeit als Prediger und Praktiker des Gottesreiches beginnt, lässt er sich von Johannes taufen und fastet vierzig Tage lang in der Wüste. Er ist kein hitzköpfiger Jungspund mehr. Jesus weiß, was er tut. Denn er hat eine Botschaft zu vertreten, die in die Öffentlichkeit drängt, mit der er sich aber auch selbst in Gefahr bringt: »Die Zeit ist erfüllt, das Reich Gottes ist nahe. Kehrt um, und glaubt an das Evangelium.« (Mk 1,15)

Umkehr zu predigen, das ist eine riskante Sache. Man sagt anderen Menschen, was sie zu tun haben. Man sagt ihnen, dass sie in die falsche Richtung laufen und einen Richtungswechsel vollziehen sollen. Vielleicht steckt auch ein Vorwurf darin: Ihr glaubt ja gar nicht richtig an die frohe Botschaft vom Reich Gottes, sonst würdet ihr anders handeln. Das alles kann sehr anmaßend sein. Viele Menschen mögen es nicht, wenn Andere ihnen sagen, was sie zu tun und zu lassen haben. Jesus muss sich seiner Position schon sehr sicher sein, wenn er so auftritt und im Namen Gottes spricht. Bald schon wird er Johannes den Täufer vor Augen haben, der ins Gefängnis geworfen und geköpft wird. Er hatte gewagt, die Ehe des Herodes Antipas zu kritisieren: »Du hattest nicht das Recht, die Frau deines Bruders zur Frau zu nehmen.« (Mk 6,18) Die Frau des Herodes hat das offensichtlich so erzürnt, dass sie seine Tötung erzwingt.

Wer sich in die Öffentlichkeit wagt, macht sich generell angreifbar. Das war in Jesu Zeit genauso wie heute, wo man das Phänomen in Politik und Medien allerorten beobachten kann. Die Verwundbarkeit wird potenziert, weil nicht nur die Familie, die Nachbarschaft, der Freundeskreis und die Arbeitskolleginnen und -kollegen mit kritischem Blick beobachten, was man tut. Vielmehr schauen, hören und urteilen auch viele Menschen, die einen gar nicht persönlich kennen. In einer Diktatur hat es besondere Brisanz, bewusst in die Öffentlichkeit zu gehen. Wenn dieses Auftreten nicht linienkonform ist, kann es den Kopf kosten. Vielleicht entsteht das offene

Engagement sogar im Widerspruch zu dem, was in der Diktatur geschieht.[18] Wenn aber die »Machthaber« auf der anderen Seite stehen, wird es gefährlich, denn sie haben schlagkräftige Kampfmittel. Man braucht schon etwas Besonderes, um in dieser Herausforderung zu bestehen. Vielleicht verdankt sich die Belastbarkeit einer dicken Schutzhaut, die man sich im Lauf der Jahre aneignet, damit sie vor Verwundungen bewahrt. Oder man will diese Dickhäutigkeit gerade nicht, weil man verletzlich und damit berührbar bleiben will.

Ein politischer Revolutionär ist Jesus nicht. Aber er widerspricht einigem, was in seiner Gesellschaft, Kultur und Religion geschieht. Er spricht von Gott in einer Sprache, in die sich die Zeichen der eigenen Zeit einschreiben. Und er kritisiert, wenn Menschen dies nicht tun. »Am Abend sagt ihr: Es kommt schönes Wetter, denn der Himmel ist rot. Und am Morgen: Heute gibt es Sturm, denn der Himmel ist rot und trüb. Das Aussehen des Himmels könnt ihr beurteilen, die Zeichen der Zeit aber nicht.« (Mt 16,2b–3) Im Zentrum des Wirkens Jesu steht das Reich Gottes, von dem er sagt, dass es bereits präsent und wirksam ist. Die Botschaft, die die Engel an Weihnachten den Hirten verkündet haben, fasst im Alltag Fuß: »Verherrlicht ist Gott in der Höhe und auf Erden ist Friede bei den Menschen seiner Gnade.« (Lk 2,14) Gott die Ehre und den Menschen Frieden – hierfür setzt sich Jesus ein.

Um die bereits aktive Wirksamkeit des Gottesreichs zu sehen und ins Wort zu fassen, braucht es Aufmerksamkeit für das, was in der Gegenwart geschieht. Denn im Reich Gottes geht es anders zu als in einer Gesellschaft, die an öffentlichem Ansehen, an unschlagbarer Finanzstärke und unbedingter Verteidigungsmacht von Herodes-Strategien aller Couleur orientiert ist. »Selig, ihr Armen, denn euch gehört das Reich Gottes« (Lk 6,20), verheißt die Bergpredigt. Diese provozierende Verheißung ist ein Affront gegenüber einer Gesellschaft, die Menschen allein nach finanziellem Reichtum und öffentlichem Ansehen bemisst und denkt, dass diese Ordnung der Dinge auch vor Gott gültig sei. Diesem Denken widerspricht Jesus, der als mittelloser Wanderprediger vielen Menschen in Not und Bedrängnis begegnet. Seine Taten und Worte sind prophetisch. Sie verweisen kritisch auf Missstände, aber auch positiv verstärkend auf Hoffnungszeichen der Gegenwart. Wo beides geschieht, eröffnet sich Zukunft.

»Der Sabbat ist für den Menschen da, nicht der Mensch für den Sabbat.« (Mk 2,27) Dies ist einer der prägnantesten Sätze, die die Evangelien von Jesus überliefern. Hier meldet sich eine Kritik zu Wort, die bleibende Maßstäbe setzt. Sie ist auf religiöse Rituale genauso anwendbar wie auf profane Institutionen. Auch und vor allem in Religionsgemeinschaften besteht die Gefahr, dass die eigenen Rituale nur noch der Erhaltung der Institution und dem Vorteil ihrer Betreiber dienen. Religiöse, kulturelle und politische Gemeinschaften schaffen Rituale und Institutionen, die vorgeben, den Menschen zu dienen. Faktisch tun sie dies jedoch nicht immer. Wenn man ihnen freien Lauf lässt, nimmt die Dienstfunktion mehr und mehr ab. Dem hält Jesus entgegen, dass die Person im Reich Gottes Vorrang hat vor der Institution. Als Prophet legt er den Finger in die Wunde. Denn machtvolle Institutionen können übermächtig zugreifen. Wer nur über wenige soziale und finanzielle Ressourcen verfügt, kann sich nur schwer gegen solche unsäglichen Zugriffe wehren. Man hat kein Geld, um einen zugkräftigen Anwalt einzuschalten oder die Entscheider zu bestechen; man hat nicht jene Beziehungen, die dem Machtmechanismus ins Räderwerk greifen.

Aus diesem Grund müssen die Armen und sozial Schwachen in besonderer Weise vor dem Zugriff von Institutionen aller Art bewahrt werden. Jesus tut dies im Zeichen des Reich Gottes, das für Frieden und Gerechtigkeit steht. Damit riskiert er selbst etwas. Wer widerspricht, weckt Widerspruch. Wer Machtmechanismen blockiert, weckt die Energie derer, die von diesen Mechanismen profitieren. Dies gilt in besonderem Maß, wenn die gesamte Ordnung der Dinge umgekehrt wird. »So werden die Letzten die Ersten sein und die Ersten die Letzten.« (Mt 20,16) Jesus predigt die Umkehr weg von den Fleischtöpfen Ägyptens hin zum Reich Gottes, das aus einer Kultur des Teilens lebt. Daher kann er sich nicht dickhäutig machen, eine Rüstung anziehen und Waffen zur Hand nehmen. Dem Zeichen der Inkarnation folgend, setzt er seine Verwundbarkeit aufs Spiel, um Leben zu eröffnen – für sich selbst, für Andere und für die Schöpfung. Kranke und Sterbende, Hungernde und Gefangene, marginalisierte Fischer und geächtete Prostituierte erhalten seine Aufmerksamkeit.

Die Evangelien stellen heraus, dass Jesus sich durch eine große Sensibilität für Wunden aller Art auszeichnet. Selbst wenn diese nicht offen gezeigt, sondern eher verborgen werden, nimmt er sie wahr und reagiert behutsam. Das zeigt die Heilung einer Frau besonders gut, von der das Markus-Evangelium erzählt (Mk 5,25–34). In einer Menschenmenge, die sich um Jesus drängt, ist auch eine Frau, »die schon zwölf Jahre an Blutungen litt. Sie war von vielen Ärzten behandelt worden und hatte dabei sehr zu leiden; ihr ganzes Vermögen hatte sie ausgegeben, aber es hatte ihr nichts genutzt, sondern ihr Zustand war immer schlimmer geworden.«

Die Frau, deren Name nicht genannt wird, setzt ihre Hoffnung auf Jesus und seine heilende Kraft. Heimlich drängt sie sich in der Menge von hinten an ihn heran, so dass er sie nicht sieht. Sie will ihre Verwundung nicht öffentlich machen. Sie berührt seine Kleidung, und »sofort hörte die Blutung auf, und sie spürte deutlich, dass sie von ihrem Leiden geheilt war.« Jesus aber fragt nach. Er holt ihre verletzende Krankheit aus der Diktatur des Verschweigens heraus. Noch voller Furcht erzählt sie ihm, was ihr geschehen ist. »Er aber sagte zu ihr: Meine Tochter, dein Glaube hat dir geholfen. Geh in Frieden! Du sollst von deinem Leiden geheilt sein.« (5,34)

An dieser Erzählung zeigt sich, wie Verwundungen funktionieren. Sie sind überaus machtvoll, weil sie sich potenzieren. Ständige Blutungen schwächen den Körper. Zudem gilt eine »blutflüssige« Frau in der damaligen Zeit als kultisch unrein. Auf das körperliche Phänomen folgt verstärkend die soziale Ächtung.[19] Diese wiederum gräbt sich alltäglich in das Leben hinein. Die Frau ist sozial ausgegrenzt, weil die Berührung mit ihr oder mit einem Gegenstand, den sie berührt hat, die Unreinheit überträgt. Wenn sie sich auf einen Stuhl setzt, so ist dieser tabu. Soziale Kontakte und menschliche Kommunikation sind damit gravierend behindert. Soziale Ausgrenzung aber wirkt als Verstärker auf das Zerstörerische der Verwundung. Wie sich das auf das Selbstwertgefühl auswirkt, lässt sich heute nur erahnen.

Auffällig ist, dass die Frau von Jesus die Heilung erhofft, dass er sie aber auf ihren eigenen Glauben zurückverweist. Die Heilung geschieht durch einen Tabu-Bruch. Als kultisch Unreine darf sie Jesus nicht berühren. Als sie es dennoch tut und dann auch noch zu ihrem Handeln steht, erfährt sie Heilung: »dein Glaube hat dir geholfen«. Zugleich ist signifikant, was Jesus tut. Er weicht vor der Frau nicht zurück, wie es bei ihrem Zustand zu erwarten wäre. Vielmehr rückt er sie, die buchstäblich an den Rand gedrängt und ausgegrenzt war, in den Mittelpunkt. Dabei geht es nicht darum, sie zu verurteilen. Vielmehr erfährt sie Wohlwollen und bekommt einen Segen mit auf den Weg: »Geh in Frieden!« Diesen Frieden wird sie gut brauchen können, denn ihr eigenes Verhalten ist gesellschaftlich genauso provokant wie das Wohlwollen Jesu.

Das Neue Testament erzählt viele Heilungsgeschichten, die symbolische Bedeutung haben. Er heilt die »verdorrte«, kraftlose und handlungsunfähige Hand eines Mannes, so dass er wieder anpacken und »handeln« kann (Mt 12,9–13). Eine verkrümmte Frau wird aufgerichtet, so dass sie anderen Menschen wieder auf Augenhöhe begegnen und mit aufrechtem Gang durchs Leben gehen kann (Lk 13,10–17). Nach der Darstellung der Evangelien erfolgen einige dieser Heilungen am Sabbat. Das ruft den Widerspruch derer hervor, die für die religiöse Ordnung zuständig sind. »Der Synagogenvorsteher aber war empört darüber, dass Jesus am Sabbat heilte« (Lk 31,14).

Seine Heilungswunder haben Jesus im 9. Jh. in der deutschen Sprache den Titel »Heiland« eingebracht. Das althochdeutsche Wort »heliand« war damals eine überraschende Innovation. Im heutigen Sprachgebrauch hört sich dieser Titel eher harmlos an. Vielleicht treten Bilder aus Kinderbüchern vor Augen, wo Jesus in schöner, narben- und altersfreier Gestalt allwissend über die Erde schreitet und salbungsvoll seine heilenden Hände auflegt. Dieses Bild aber verdrängt, dass Jesus seine eigene Verwundung riskiert, indem er Heilung praktiziert. Wer Wunden sieht und heilt, macht sich damit leicht selbst angreifbar. Das gilt selbstverständlich dort, wo Krankheiten und Verwundungen ansteckend sind. Aber es gilt auch darüber hinaus. Wo Verwundungen das Leben antasten, entsteht Konfliktstoff. Wer sich hier einmischt und Kritik übt, bringt sich unter Umständen selbst in Gefahr. Vielleicht gibt es Menschen, die die Verwundung verursacht haben und in der Heilung eine Kritik am eigenen Verhalten sehen. Oder die Heilung weist, wie bei der an Blutungen leidenden Frau, auf soziale und religiöse Missstände hin, die die Verwundung verursachen oder potenzieren.

Verwundungen und Krankheiten, Armut und Hunger sind häufig auf Ungerechtigkeiten zurückzuführen. Jesus belässt es nicht allein dabei, zur Heilung beizutragen. Er spricht und deutet, kritisiert und widerspricht. Weil die Arbeitsbedingungen zu hart sind, ereignen sich schwere Unfälle. Weil der Arbeitsmarkt eng ist, gibt es Stundenlöhner, die viel zu gering entlohnt werden. Weil Einige wachsenden Besitz anhäufen, werden Andere immer ärmer. Die Ausbeutung der Arbeitskraft, die »bis aufs Blut« geht, ist ein ständiges Problem der Menschheit. Dem hält Jesus entgegen: »Euch aber muss es zuerst um Gottes Reich und um seine Gerechtigkeit gehen; dann wird euch alles andere dazugegeben.« (Mt 6,33) Jesus erhebt eine prophetische Stimme. Einmal wird er sogar handgreiflich, als er die Händler und Geldwechsler aus dem Tempel vertreibt. Von diesem Ereignis berichten alle vier Evangelien (Mt 21,12–17; Mk 11,15–17; Lk 19,45f; Joh 2,13–22) – mit unterschiedlichen Akzentuierungen, aber alle im Sinne einer prophetischen Zeichenhandlung. Keineswegs geduldig und lammfromm, sondern lautstark und zornig tritt Jesus hier auf.

In der Geburt Jesu handelt Gott solidarisch mit den Menschen. Daher entscheidet sich der Glaube der Menschen an diesen inkarnierten Gott daran, ob sie selbst solidarisch handeln – besonders »mit den Armen und Bedrängten aller Art« (GS 1), wie es das Zweite Vatikanum sagt. Als Jesus vom kommenden Weltgericht erzählt, zielt er auf diese Glaubenspraxis ab. »Amen, ich sage euch: Was ihr für einen meiner geringsten Brüder und Schwestern getan habt, das habt ihr mir getan. [...] Was ihr für einen dieser Geringsten nicht getan habt, das habt ihr auch mir nicht getan.« (Mt 25,40.45) Entscheidend ist die Praxis, die Gottes- und Nächstenliebe innerlich verbindet. Kurz vor seinem Tod sagt Jesus nochmals pointiert zu seinen Jüngerinnen und Jüngern: »Ihr wisst, dass die, die als Herrscher gelten, ihre Völker unterdrücken und die Mächtigen ihre Macht über die Menschen missbrauchen. Bei euch aber soll es nicht so sein, sondern wer bei euch groß sein will, der soll euer Diener sein, und wer bei euch der Erste sein will, soll der Sklave aller sein. Denn auch der Menschensohn ist nicht gekommen, um sich dienen zu lassen, sondern um zu dienen und sein Leben hinzugeben als Lösegeld für viele.« (Mk 10,42–45) Man kann sich vorstellen, dass diese Positionierung bei Jesu Gegnern wie in den eigenen Reihen auf Widerstand stößt.

Opfer menschlicher Gewalt – das Kreuz als schlimmstmögliche Folge der Inkarnation

Wer den Finger in die Wunde von Armut und Unrecht legt, wer nicht nur oberflächlich schaut, sondern nach Ursachen und Verstärkern fragt, geht das Risiko ein, selbst verwundet zu werden. Ungerechtigkeiten zu benennen und Alternativen aufzuzeigen ist besonders gefährlich für einen Menschen, der keine durchschlagenden Machtmittel zur Verfügung hat. Das ist bei Jesus der Fall. Er hat keine militärische Gewalt, mit der er sich gegen drohende Angriffe zur Wehr setzen könnte; er hat kein Geld für Top-Anwälte oder zur Bestechung von Richtern; er hat keinen Besitz, hinter dessen Schutzmauern er sich verschanzen könnte. Sein öffentliches Auftreten macht ihn öffentlich verwundbar.

Eine prekäre Mischung aus Kritik an der eigenen Religionsgemeinschaft[20] und Kritik an den Machtwirkungen des politischen Systems führt dazu, dass Jesus gefangen genommen und vor Gericht gestellt wird. Sein Kreuz wird mit den Worten beschriftet: »Das ist Jesus, der König der Juden.« (Mt 27,37) Dies soll den Grund angeben, warum Jesus getötet wird: Religiös wird ihm der Vorwurf gemacht, dass er sich mit Sündenvergebung und messianischem Verständnis an die Stelle Gottes setzt; und politisch, dass er die herrschende Staatsmacht in Frage stellt. Erneut ist Jesus, wie schon bei der Geburt, mit dem Tod durch Menschenhand bedroht. Hiervon erzählt das Neue Testament besonders ausführlich. Die Passionsgeschichte Jesu, sein Leiden bis zum Tod am Kreuz, nimmt in allen Evangelien auffällig breiten Raum ein. In der Exegese heißt es sogar, das Markus-Evangelium sei eine Passionsgeschichte mit ausführlicher Einleitung – so wichtig ist der Weg zum Kreuz. Diese Gewichtung ist zugleich theologisch und human begründet.

Der Weg, der mit der Krippe begann, führt konsequent zum Kreuz. Es ist der »worst case der Inkarnation«, wie Günter Thomas dies ausdrückt (Thomas 2007, 175). An *Weihnachten* wird Jesus Christus der Schwachheit des Fleisches ausgesetzt. Mit der *Kreuzigung* wird er der Grausamkeit der Menschen ausgeliefert – was kann es Schlimmeres geben? Konsequent läuft die Geschichte ihrem schlimmstmöglichen Ende entgegen. Das Kreuz ist eine äußerst brutale Methode der Tötung eines Menschen. Zugleich bedeutet sie soziale Ächtung: gekreuzigt zu werden war eine Schande, eine Schmähung. Römische Staatsbürger blieben zumeist davon verschont. Nur Terroristen und Kapitalverbrecher, die in besonderer Form mit Ächtung gezeichnet werden sollten, kamen ans Kreuz.

Doch die Verwundungen beginnen schon früher, schon vor der Verhaftung Jesu. Und sie gehen besonders tief, weil sie aus den eigenen Reihen kommen. Am Anfang steht der Verrat durch Judas Iskariot, der die Gefangennahme ermöglicht. Nach biblischem Zeugnis geht er zu den Hohenpriestern und fragt: »Was wollt ihr mir geben, wenn ich euch Jesus ausliefere? Und sie zahlten ihm dreißig Silberstücke. Von da an suchte er nach einer Gelegenheit, ihn auszuliefern.« (Mt 26,15 f)[21] Er wird zum Handlanger der finsteren Absichten seiner Gegner. Dabei stellt die Bibel heraus, dass Jesus den Verrat vorher erahnt hat. In der Jesusgemeinschaft gab es offensichtlich Spannungen und konträre Auffassungen in der Frage, wie man sich positionieren und verhalten solle – sowohl bezüglich der eigenen Religionsgemeinschaft als auch gegenüber der Besatzungsmacht, die vor Grausamkeiten aller Art nicht zurückschreckte.

Ein Verrat aus den eigenen Reihen ist eine tiefe Verwundung. Sie rührt an das Vertrauen, das für das menschliche Zusammenleben so entscheidend ist, und kann es nachhaltig zerstören. Mit der Opposition von Gegnern rechnet man von vornherein, wenn man sich prominent in der Öffentlichkeit positioniert. Doch man hofft darauf, dass die eigenen Freundinnen und Freunde, Vertraute und Verbündete, bei der Stange bleiben. Wird man dann verraten, so trifft dies besonders hart. Wem kann man denn noch vertrauen, wenn der Verrat bis in den innersten Kreis der Zwölf vorgedrungen ist?

Aber gerade in einer Situation, die so brenzlig geworden ist wie bei Jesus, liegen Verrat und Verleumdung nahe. Alle, die mit Jesus verbunden sind, müssen befürchten, dass die Gewalt auf sie übergreift und dass sie ebenfalls verletzt werden. Hier meldet sich schnell der Selbstschutz zu Wort. Denn mit einem Verrat kann man die eigene Haut retten, vielleicht aber auch mit einer Verleugnung. Das ist das Problem, vor dem Petrus exemplarisch steht. Er hatte sich früher ausdrücklich zu Jesus als dem Messias bekannt, auch wenn er dabei den Tod lieber verdrängen wollte. Als Jesus ihm während des Abschiedsmahles prophezeit, dass er ihn vor dem nächsten Hahnenschrei dreimal verleugnen werde, kann Petrus das selbst nicht glauben. Aber als es kurz darauf so weit ist und er gefragt wird, ob er den festgenommenen Jesus kennt und wie er zu ihm steht, da geht ihm die Verleugnung eilfertig von den Lippen. »Da sagte die Pförtnerin zu Petrus: Bist du nicht auch einer von den Jüngern dieses Menschen? Er antwortete: Nein.« (Joh 18,17) Dreimal spricht er dieses klare, aber falsche »Nein«, mit dem er sich aus der Gefahrenzone herauszuziehen versucht. Dann kräht der Hahn.

Heute noch erinnern die Hähne auf vielen Kirchtürmen weithin sichtbar daran, wie schnell ein Verrat von Freundschaft, Verbundenheit und Gefährtenschaft droht, wenn Gewalt ins Spiel kommt. Menschen werden schnell verlassen, wenn sich ihr Glück wendet und wenn statt des Jubels der Menge ein unwägbarer Machtzugriff erfolgt. Jesu Prophezeiung tritt ein: »und mich werdet ihr allein lassen« (Joh 16,32). Schon in Getsemani zeigt sich das, als Jesus sich von Angst erfüllt an Gott wendet: Die Jünger schlafen ein, statt mit ihm vereint zu beten. Die Verleugnung durch Petrus in der Nacht des Verrats ist so signifikant, dass alle vier Evangelien von ihr berichten. Dabei ist bemerkenswert, dass die Bibel unter den Verrätern und Leugnern namentlich nur Männer nennt. Die Frauen, allen voran Maria Magdalena, stehen Jesus bei – obwohl auch sie als Gefährtinnen eines Verurteilten mit harten Maßnahmen rechnen müssen. Lediglich jener Jünger, »den Jesus liebte«, harrt nach dem Johannes-Evangelium mit den Frauen am Kreuz aus (Joh 19,26).

Wie der dramatische Verlauf der Passion Jesu war und wer letztlich das Todesurteil beschlossen und durchgesetzt hat, lässt sich heute nicht mehr feststellen.[22] Theologisch aber hat die Entwicklung eine innere Logik. Gott ist an Weihnachten Mensch geworden, und als solcher geht Jesus seinen Weg bis zum bitteren Ende. Am Ende des irdischen Lebens aber steht der Tod, der das Leben verletzt und vernichtet. Bei Jesus nimmt er die schlimmstmögliche Wendung mit Folterung, Schmähung und Kreuzigung. Jesus sucht diesen Tod nicht. Ihm geht es nicht darum, zum Märtyrer zu werden. Das stellt das Markus-Evangelium in der Getsemani-Geschichte heraus, als Jesus Gott bittet: »Mein Vater, wenn es möglich ist, gehe dieser Kelch an mir vorüber. Aber nicht wie ich will, sondern wie du willst« (Mt 26,39).

Jesus hätte durchaus die Möglichkeit, der Tötung auszuweichen, wenn er von seiner Reich-Gottes-Botschaft abrückt und sich früh genug aus der Öffentlichkeit zurückzieht. Aber das wäre ein Verrat an der Reich-Gottes-Botschaft, der zugleich einen Verrat an Gott und Mensch bedeutet. Stattdessen bleibt Jesus konsequent bei seiner Position. Er tut das, was kein Mensch von einem Anderen verlangen, nicht einmal erbitten kann. »Das ist mein Leib, der für euch hingegeben wird« (Lk 22,19). Das eigene Leben zu opfern für Andere, das ist die höchste Gabe des Lebens, die überhaupt möglich ist. Sie ist eine Hingabe seiner selbst. Im Kreuz, dem »worst case«, zeigt sich das ganze Ausmaß, das im Wagnis der Inkarnation liegt. Spätestens das Kreuz zerbricht die religiöse Vorstellung von Gott, der über den Dingen thront und mit der Verwundbarkeit der Welt nichts gemein hat. Jesus fällt der Gewalttätigkeit der Menschen zum Opfer. Sein gemarterter, verstümmelter Körper offenbart schonungslos die Gewalt, die in Beziehungen von Menschen lauert. Hier wird deutlich, was Menschen einander anzutun in der Lage sind. Jesus wird auf brutale und noch dazu schändlichste Weise gefoltert und umgebracht. Sein ganzer Körper wird zu einer klaffenden Wunde.

Dennoch ist diese Kreuzigung zugleich ein Akt des Widerstands gegen alle Kreuzigungen des Lebens, die unzählige Menschen erleiden müssen. Jesus ist zum höchstmöglichen Sacrifice bereit, das ein Mensch geben kann. Dies ist etwas zutiefst Humanes. »Liebe bedeutet nämlich, sich bis zum Leiden verletzlich zu machen, sich um andere zu kümmern, so dass man sich in einer realen, wechselseitigen Relation befindet – alle Risiken eingeschlossen.« (Placher 1998, 240) Das Zusammenleben von Menschen kann nur dort *human* gelingen, wo Menschen zu solcher hingebungsvollen Liebe bereit sind: »sein Leben wird den Lebenden gegeben, damit sie wider ihre eigene Gewalt leben lernen« (Sander 2001, 78). Mit der Inkarnation von der Krippe bis zum Kreuz führt Gott dies vor Augen. Ohne Hingabe bleiben verwundete Menschen unbarmherzig sich selbst überlassen, und es entsteht eine gnadenlose Gesellschaft. Jesu Weg von der Krippe zum Kreuz widerspricht dieser Gnadenlosigkeit, indem sie die Lebensmacht der Hingabe ins Spiel bringt. Jesus ist Opfer von Gewalt, ein Victim – aber mit seinem Sacrifice widersteht er solcher Gewalt zugleich, indem er Gewaltlosigkeit praktiziert. Er zückt nicht selbst das Schwert und ruft seine Jüngerinnen und Jünger auch nicht zur Rache auf. Vielmehr beauftragt er sie beim letzten Abendmahl, Brot zu brechen und Wein zu teilen: »Tut dies zu meinem Gedächtnis.« (Lk 22,19)

An Weihnachten haben andere Menschen ihr Leben riskiert, um dem neugeborenen Jesus Leben zu eröffnen. Am Ende seines Lebens zeigt Jesus in besonders drastischer Form, dass er hierzu ebenfalls bereit ist. Im Kreuz ereignet sich das Gegenteil der Herodes-Strategie, die die Verwundung Anderer als Selbstschutz einsetzt. Jesus verwundet nicht Andere, sondern er lässt sich verwunden bis in den Tod. Er wechselt nicht die Seiten und verrät diejenigen nicht, die seine Hinwendung brauchen. Hier wird eine Alternative sichtbar zur Gewalt, die unter

Menschen herrscht. Sie besteht in der Liebe, die zur Hingabe bereit ist und die *eigene* Verwundung nicht scheut. In diesem Gekreuzigten ist Gott selbst Mensch geworden.

Auferstehung als Lebenskunst – Maria Magdalena

In der Folter wird Jesus aufs Äußerste gewaltsam verletzt und am Kreuz dann sogar getötet. Mord und Totschlag, das ist die größte Verwundung, die einem Menschen angetan werden kann. Aber nicht nur Jesus wird verletzt, sondern all jene Menschen, die mit ihm verbunden sind und die ihn lieben. Jeder Tod betrifft Gemeinschaften, reißt Wunden auf und ruft auch bei Anderen Schmerzen hervor. Die Osterfigur, die diese Verwundung am eindrücklichsten vor Augen führt, ist Maria Magdalena. Von ihr erzählt das Johannes-Evangelium (Joh 20,11–18), das mit dieser Geschichte eine Glanzleistung narrativer Theologie vollbringt. Es ist eine der ergreifendsten Erzählungen, ohne die das Osterfest heute kaum mehr denkbar ist. Denn Maria Magdalena steht für die unzähligen Frauen, Männer und Kinder, die einen geliebten Menschen verloren haben und nun verzweifelt an deren Grab stehen und auf Heilung hoffen.

Die abgrundtiefe Verwundung Marias wird verständlich, wenn man sich anschaut, wer für sie gestorben ist. Vor der Kreuzigung war Maria eine Gefährtin Jesu. Sie ist mit ihm durchs Land gezogen, hat ihm vertraut und hat all ihre Hoffnungen auf seine Botschaft vom Reich Gottes gesetzt. Als Jesus gekreuzigt wird, weicht sie die-

Die Auferstehung Jesu – eine Leerstelle der Bibel

Die Evangelien beschreiben Folterung, Kreuzigung und Tod Jesu ausführlich und anschaulich. Umso bemerkenswerter ist es, dass sie keinen Bericht über die Auferstehung liefern – weder aus der Perspektive von Zeuginnen und Zeugen, geschweige denn aus der Perspektive Jesu. Über die Auferstehung selbst schweigen sich alle Evangelien behutsam aus. Biblisch bildet die Auferstehung eine Leerstelle, die sich im leeren Grab verkörpert.

Selbst Matthäus, der am dichtesten an das Ereignis herangeht, erzählt lediglich vom Engel, der den Stein wegwälzt, damit die Frauen sehen können, dass das Grab leer ist (Mt 28,1–8). Auch er berichtet nicht, wie Jesus aufersteht. Was die Bibel jedoch ins Wort bringt, das sind Erscheinungen Jesu aus der Perspektive seiner Jüngerinnen und Jünger. Der Glaube entsteht über die Wirkmacht der Auferstehung im Leben derer, die sie erfahren und hierüber berichten.

sem Ereignis nicht aus. Vielmehr setzt sie sich dieser gnadenlosen Verwundung Jesu aus und wird damit zugleich selbst verwundet. Einen geliebten Menschen so leiden zu sehen ist schmerzlich, und der Schmerz gräbt sich tief in Leib und Seele ein. Maria Magdalena ist am Boden zerstört, als sie mit ansehen muss, unter welch unerträglichen Qualen Jesus am Kreuz endet (Joh 19,25). Mit seinem Tod erfährt auch ihr Leben eine abgrundtiefe Verwundung. Sie verliert einen Menschen, den sie liebt. In diesem Verlust zeigt der Tod seine ansteckende Wirkung. Nicht nur *sein* Leben ist zu Ende, sondern auch *ihres* ist bedroht. Denn mit ihm werden ihre Hoffnungen gekreuzigt, ihre Liebe wird verwundet, ihr Glaube an das Reich Gottes zerbricht. War Jesus früher lebendig und gegenwärtig bei ihr, so ist seine Präsenz als Toter nun bedrängend und geradezu lebensbedrohlich. Denn Jesus ist nicht einfach abwesend, sondern als Toter auf bedrängende Weise anwesend. Diese Präsenz des Abwesenden verwundet ihr Leben.

In ihrer Bedrängnis sucht Maria »frühmorgens, als es noch dunkel war«, den Ort auf, wo der Tote präsent ist. Sie geht an das Grab, das sein zerstörtes Leben birgt und wo ihre namenlose Trauer kulminiert. Maria weint. Mit Leib und Seele ist sie ein einziges Schluchzen. Aber das Grab, an dem sie steht, birgt keinen Toten, sondern es ist leer. Dies durchbricht die gängigen Erwartungen auf den Tod hin. Maria entdeckt, dass der Stein, der das Grab Jesu eigentlich verschließen und damit die Toten und die Lebenden voreinander schützen soll, zur Seite gerollt ist. Maria schließt daraus: Der Leichnam wurde heimlich weggeschafft. Jetzt ist ihr auch noch der Ort ihrer Erinnerung geraubt. Das Grab ist leer.

Bei den Jüngern, die sie hierüber informiert, findet sie keine hilfreiche Unterstützung. Sie bleibt mit ihrer Verzweiflung letztlich allein. Als sie erneut ins Grab schaut, sieht sie zwei Engel. Aber auch dieses Zeichen, das zu den stärksten einer Offenbarung gehört, kann sie nicht begreifen. Orientierungslos wendet sie sich um und sieht einen Mann vor sich, den sie in ihrer schluchzenden Blindheit für den Gärtner hält. »Warum weinst du? Wen suchst du?«, wird sie gefragt. Nochmals wiederholt sie dieselben Gesten, dieselben Fragen, die ihre Verwundung ausdrücken. Aber dann ruft der Auferstandene sie bei ihrem Namen: »Mirjam«. In diesem Moment gehen ihr die Augen auf, sie wird sehend und antwortet: »Rabbuni«, Meister.

Wird jetzt alles wieder so, wie es vorher war? Dieser Möglichkeit schiebt der Auferstandene sogleich einen Riegel vor, indem er sagt: »Halte mich nicht fest.« Diese Aufforderung ist merkwürdig, denn die Geste des Festhaltens ist in dieser Situation keineswegs naheliegend. Maria Magdalena musste zuvor mit ansehen, wie Jesus qualvoll am Kreuz gestorben ist. Nach menschlichem Ermessen müsste er ein malträtierter Leichnam sein, der sich nun aber frei bewegt und sich als etwas ganz anderes, bisher Unbekanntes und zutiefst Befremdliches zeigt. Nicht freudiges Zugreifen, sondern erschrecktes Zurückweichen wäre hier zu erwarten.

Mit »halte mich nicht fest« ist ein anderes Festhalten gemeint. Dabei geht es darum, jene unsägliche Macht zu brechen, die die Verwundung ausübt. Als die verzweifelte Frau weinend am Grab steht, hat die Wunde ihr Leben fest im Griff. Sie droht es zu ersticken. Jesu Worte richten sich gegen diese tödliche Macht des Todes. »Halte mich nicht fest!« fordert dazu auf, den Toten so zu entlassen, dass Heilung geschehen kann. Loslassen ist notwendig, damit Maria wieder ins Leben zurückkann. Deswegen offenbart Jesus, der nicht mehr da sein wird, ihr eine Abwesenheit, die es mit Leben zu füllen gilt. »Ich gehe hinauf zu meinem Vater und zu eurem Vater, zu meinem Gott und zu eurem Gott.« (Joh 20,17)

Das überraschende Auftreten Jesu und seine Worte vom Loslassen bewirken eine Kehrtwende. Maria hört auf zu weinen. Sie kann wieder klar sehen. Plötzlich lässt die unsägliche Macht nach, die ihre Verwundung bisher ausübte. Maria wird von ihr befreit. Hatte die tödliche

Verwundung zuvor das Sagen, so kommt jetzt das Leben wieder zum Zug. Es ereignet sich ein Machtwechsel vom Tod zum Leben. Die tödliche Abwesenheit Jesu, die so bedrängend anwesend war, wandelt sich zu einer belebenden Anwesenheit. Auch wenn der Auferstandene wieder gehen und sich ihr niemals wieder in dieser Form zeigen wird, so bleibt er als Auferstandener dennoch heilsam präsent. In seiner schmerzlichen Abwesenheit offenbart sich ein Zeichen der Hoffnung auf Heilung und Lebendigkeit.

Maria hat Jesus zunächst für den Gärtner gehalten. Unscheinbar meldet sich jene Lebensmacht zu Wort, die Maria aus dem Zugriff des Todes entlässt. Hier findet ein unspektakulärer, aber folgenreicher Machtwechsel statt. Maria Magdalena kommt da, wo sie nur die Macht des Todes zu erwarten hatte, dem Geheimnis des Lebens auf die Spur: Das Leben steht auf aus dem Tod. Der Tod wird in seinem Zugriff auf das Leben entmachtet. Mirjam erfährt die Auferstehung, die ihr in Jesus Christus vor Augen geführt wird, am eigenen Leib. Sie tritt aus dem Machtzugriff des Todes heraus und wird neu geboren. Ihr wird selbst die Gnade der Auferstehung zuteil. Denn Jesus Christus zeigt sich ihr nicht als Toter, sondern er erscheint ihr als Auferstandener.

Der Machtwechsel, den die Auferstehung Jesu Christi bewirkt, wird zu einem Wendepunkt der Geschichte. Im Blick auf das Leere Grab, dem Ort der Verwundung und des Todes, entdeckt Mirjam die heilende Präsenz eines neuen Lebens. Die zuvor blinde Frau, die sich orientierungslos hin und her wendet, wird sehend und ergreift das Wort. Sie wird zur ersten Zeugin dessen, was später im Glaubensbekenntnis benannt wird – sie ist der einzige

Mensch, der nach biblischer Tradition das »gestorben, begraben, auferstanden von den Toten« mit eigenen Augen gesehen hat. Zuvor war sie sprachlos und ihre Worte waren eher stumm; nun aber ist sie berufen, die Auferstehung zu bezeugen. Maria geht zu den Jüngern und sagt: »Ich habe den Herrn gesehen« (Joh 20,18). Dies sind dürre Worte für ein Ereignis, das alles umkrempelt und die bedrohliche Anwesenheit eines Toten zu einer Präsenz wendet, die Leben eröffnet. Maria Magdalena steht vor der Frage, wie sich das sagen lässt, was alle Sprache überschreitet und gerade deswegen zu Wort kommen will. Für das Geheimnis der Auferstehung, in dem sich die Liebe selbst offenbart, sind alle Worte zu dürr, zu abgenutzt, zu nichtssagend. Und dennoch will das zur Sprache kommen, was hier vorantreibt und dem Leben zum Durchbruch verhilft.

Der Machtwechsel vom Tod zum Leben geschieht in der Auferstehung Jesu Christi. Sie stellt alle Gräber unter das Zeichen des Lebens. Dabei ist entscheidend, dass die Wunden Jesu nicht einfach verschwinden. Sie markieren den Körper und bleiben sichtbar. Das Johannes-Evangelium stellt dies in einer anderen Ostergeschichte heraus, wo der zweifelnde Thomas seine Hände in die Wunden Jesu legt (Joh 20,19–29). Auch die Ikonografie greift das Motiv der bleibenden, vernarbten Wunden später auf. Jesus Christus ist an seinen »Wundmalen« zu erkennen. Die Wunden sind nicht einfach weg, aber sie bluten nicht mehr. Sie haben in der Auferstehung Heilung erfahren.

Eine besondere Bedeutung spielt die bleibende Verwundung im Verständnis Jesu als »wounded healer«, als verwundeter Heiler. C. G. Jung hat dieses Bild als Archetyp analysiert. Der niederländische Theologe und Psychologe Henri Nouwen hat es in prominenter Weise auf Jesus Christus und den christlichen Glauben bezogen. Nur wer selbst Verwundungen erfahren hat, versteht etwas von Wunden und kann Heilung eröffnen. Aber nicht alle Menschen, die verwundet sind, werden zu Heilerinnen und Heilern. Und nicht alle Wunden heilen, was ganz verschiedene Gründe haben kann. Jedenfalls reicht es im Heilungsprozess nicht aus, auf die Wunden zu starren und sich permanent an ihnen zu schaffen zu machen. Sie spirituell zu überhöhen, weil man nur mit Wunden zum »wounded healer« werden kann, ist sogar äußerst gefährlich – es bedeutet, Salz in die Wunden zu streuen und Heilung zu verhindern. Wer jedoch Heilung bei sich selbst verhindert, kann auch Anderen nicht zur Heilung verhelfen.

Maria Magdalena übersieht zunächst die Narben, die den Körper Jesu zeichnen. Jesus stellt sie ihr gegenüber nicht heraus, denn er will nicht seine Verwundung, sondern seine Heilung zeigen. Der entscheidende Punkt ist, dass Jesus verwundet wurde und in der Auferstehung Heilung erfahren hat. Um Missverständnisse zu vermeiden, ist es wichtig, von Jesus als geheiltem Heiler zu sprechen. Wer Erfahrungen damit hat, dass Heilung möglich ist und wie heilende Kräfte geweckt werden können, hat die Chance, dies Anderen zu vermitteln. Und auf dieses Heilungspotential kommt es an. Der christliche Glaube geht davon aus, dass Verwundungen einen Menschen nicht dauerhaft schwächen müssen, sondern dass sie die Kraft der Heilung erfahren und damit Stärke entwickeln können. Das zeigt Maria Magdalena, die sich mit Blick auf den Auferstandenen von einer stumm Weinenden zur »apostola apostolorum« wandelt, zur Apostelin der Apostel – so wird sie bereits in der frühkirchlichen Tradition genannt.

Dass Wunden heilen können und der Tod zum Leben gewendet wird, ist das Herzstück des christlichen Glaubens an die Auferstehung. Dieser Glaube ist keine blutleere Lehre und keine Vertröstung ins Jenseits. Sie bezieht sich auch nicht nur auf Jesus, sondern auf die gesamte Menschheit. Es geht darum, in Verwundungen auf das Wunder der Wandlung zu setzen, selbst wenn der Tod wie bei Jesus bereits vor der Tür steht. Auferstehung ist eine Botschaft für die Toten und für die Lebenden. Letztere sind herausgefordert, ihren Glauben an die Auferstehung als Lebenskunst zu praktizieren, so wie Maria Magdalena dies getan hat. Mit ihr nimmt der Glaube an die Auferstehung Jesu als christliche Lebenskunst ihren Anfang. Sie hat weinend und blind am leeren Grab gestanden – und hat dort Auferstehung erfahren.

Viele Legenden haben später ausgemalt, was Maria danach alles getan hat und wie sehr sie aus dem Glauben an die Auferstehung gelebt hat. So erzählt eine Überlieferung, dass sie zusammen mit anderen Frauen und Lazarus auf einem segellosen Schiff ausgesetzt wurde und in einem französischen Fischerdorf Saintes-Maries-de-la-Mer landete – das wegen der schwarzhäutigen Sarah, die die drei Marien begleitete, heute noch ein heiliger Ort der Sinti und Roma ist. Maria Magdalena sei missionarisch in der Provence tätig gewesen und wird dort über Jahrhunderte innig verehrt. Solche Erzählungen und Legenden machen eine pointierte Aussage, wie sie Maria Magdalena sehen: als Lebenskünstlerin aus der Geistkraft der Auferstehung. Die frühe Kirche hat ihr viel zugetraut bis hin zur Evangelisierung der Provence, eines fremden Landes jenseits des Mittelmeeres. Maria Magdalena ist die einzige Zeugin von Kreuzigung, Grablegung und Auferstehung Jesu. Sie hat mit ihrem Leben die Kraft der Auferstehung bezeugt. Das leere Grab und der weggerollte Stein werden mit ihr zum Symbol des Lebens. Sie verweisen auf die Auferstehung als Lebenskunst, die Maria Magdalena praktiziert.

Mit Maria Magdalena und den weiteren Ostererzählungen schließt sich der theologische Kreis zu Weihnachten hin. Weihnachten thematisiert die Verwundbarkeit menschlichen Lebens. Mit der Auferstehung schreibt Gott dieser Verwundbarkeit neue Lebensperspektiven ein. Der Tod hat nicht das letzte Wort, denn das knechtende Kreuz wird zur Auferstehung gewendet. Damit tritt zugleich der humane Charakter jener Hingabe hervor, die Gott und Mensch im Dienst des Lebens wagen.

Das Neue Testament erzählt die Geschichte Jesu chronologisch von seiner Geburt über die öffentliche Wirksamkeit bis zu Tod und Auferstehung. Der theologische Erkenntnisweg geht umgekehrt. Er setzt bei der Auferstehung an und begreift von ihr her, was an Weihnachten geschieht. Die Geburtsgeschichten werden von Kreuz und Auferstehung her erzählt.[23] So gründet der christliche Glaube an die Auferstehung auf dem Glauben an jene Geburt, in der Gott selbst Mensch wird. Die Geburtserzählungen sind daher kein naives, schmückendes Beiwerk. Ohne den Glauben an die Gottesgeburt ist der Osterglaube nicht denkbar. Und ohne die Auferstehung fällt die Inkarnation dem Tod anheim. Schon die Weihnachtsgeschichten sind Auferstehungsgeschichten. Und die Auferstehungsgeschichten sind Geburtsgeschichten, denn sie erzählen von der Erneuerung der Menschheit.

Weihnachten – eine jüdisch-christliche Geschichte

Die Debatten zwischen jüdischer und christlicher Theologie haben in den letzten Jahrzehnten zu neuen Einschätzungen in der Frage geführt, wann sich das Christentum eigentlich vom Judentum getrennt hat. Bewegt sich das Neue Testament noch ganz im jüdischen Kontext, und spiegelt selbst die Frage der Beschneidung (Apg 15,1–35) zunächst eine innerjüdische Debatte wider? Wann sich die Wege getrennt haben, wird derzeit sehr kontrovers diskutiert.[24]

Was dieser Paradigmenwechsel für die biblischen Weihnachtsgeschichten bedeutet, ist noch nicht ausgelotet. Aber es ist davon auszugehen, dass sie selbst keine Differenz zwischen Judentum und Christentum setzen. Sie gehen davon aus, dass Jesus der vom Judentum ersehnte jüdische Messias ist. Erst später, in einem schmerzlichen Prozess von wechselseitiger Abgrenzung und Ausschließung, wandeln sich die Weihnachtsgeschichten zur christlichen Gründungsgeschichte.

4. Verwundbarkeit wagen! Was Weihnachten heute zu sagen hat

Die biblischen Weihnachtsgeschichten schlagen Themen an, die heute noch hoch aktuell und zugleich äußerst brisant sind. Darum geht es im folgenden Abschlusskapitel. Es richtet den Fokus auf die Bedeutung von Weihnachten in humanitären Fragen der Gegenwart.[25] Dazu ist es notwendig, einen Sprung zu wagen. Er führt von den bekannten Texten der Bibel mitten in die ungewissen Fragen der Gegenwart hinein. Die folgenden Gedanken muten daher den Leserinnen und Lesern einen Ortswechsel zu. Auch heute geht es um Herbergen und Herodes-Strategien, aber sie melden sich in anderen, heutigen Diskursen zu Wort.

Wie gehen Menschen mit der Tatsache um, dass sie selbst, ihre Mitmenschen und Gemeinschaften wie auch die Schöpfung insgesamt verwundbar sind? Diese Frage steht mit dem Kind in der Krippe im Raum. Sie ist für die Gegenwart und für die Zukunft der Menschheit von großer Relevanz. Denn sie betrifft auch heute noch Einzelpersonen und Staaten, ökologische Projekte und politische Handlungsmuster, die Ethik sozialer Gruppen und wissenschaftlicher Forschungsteams.

Im persönlichen Bereich zeigen sich die vielfältigen Fragen unmittelbar. Welche Krankheiten können mich verletzen, und wie kann ich mich vor Epidemien, Unfällen und Angriffen auf Leib und Leben schützen? Wie behaupte ich mich auf dem Arbeitsmarkt, wo mit harten Bandagen gekämpft wird, oder unterliege ich dem Konkurrenzdruck der vielen Anderen? Womit kann ich meine Wohnung gegen Sturm, Feuer und Hochwasser absichern, und welchen Preis muss ich oder müssen Andere hierfür zahlen? Wie alt kann ich wohl werden und wie gut werde ich im Alter leben – werde ich ein sicheres Dach über dem Kopf, genug zu essen, eine verlässliche Gesundheitsfürsorge und erfreuliche soziale Kontakte haben? Wer wird die Pflege meines fragilen Körpers übernehmen, falls sie notwendig wird?

Wie bedeutsam die Weihnachtsfrage nach der Verwundbarkeit ist, das zeigt auch ein Blick auf jenen Diskurs in den Wissenschaften, der gesellschaftliche Fragen behandelt. In diesem Diskurs hat sich das Fachwort für Verwundbarkeit, »Vulnerabilität«, in den letzten Jahren zu einem Schlüsselbegriff entwickelt. Ausgangspunkt war eine Anregung des Nobelpreisträgers Amartya Sen, der in den 80er-Jahren den Zusammenhang von Armut und Hungerkatastrophen untersucht hat. Mittlerweile ist Vulnerabilität ein Schlüsselbegriff in so verschiedenen Bereichen wie der Klimafolgenforschung, in staatlichen Sicherheitsanalysen und Stadtentwicklungskonzepten, in der Bekämpfung von Armut, in den Forschungen zu Resilienz und Glück.

Hier stellen sich etwa folgende Fragen: Wie verwundbar ist die Ostseeküste oder eine Insel im Golf von Bengalen? Wo sind die angreifbaren Stellen eines internationalen Flughafens? Wie stark ist eine Stadt am Fluss von Hochwasser bedroht und welche Dämme braucht sie? Aus welcher Verwundbarkeit entsteht die akute Bedrohung von Regenwäldern und anderen Ökosystemen? Wo muss ein Staat das Risiko eines Krieges eingehen, um seine Grenzen zu sichern? Wie verwundbar sind Menschen, die sich in unsicheren Booten von Nordafrika nach Europa aufmachen? Wie belastbar ist die Familie einer Alleinerziehenden, die mit einem prekären Arbeitsverhältnis zurechtkommen muss? Darf die Medizin menschliche Embryonen erzeugen, töten und damit opfern, um anderen Menschen mit dem embryonalen Erbgut zu helfen?

Die Menschheit ist verwundbar – individuell und sozial, im menschlichen Körper und im Staatskörper. Wie die Menschheit mit diesen Verwundbarkeiten umgeht, entscheidet darüber, wie sie in Gegenwart und Zukunft leben kann. Es ist also kein beiläufiges, sondern ein entscheidendes Thema, das die Weihnachtsgeschichten anschlagen.

Heutige Verwundbarkeiten sind äußerst vielfältig und komplex. Daher können sie im Folgenden nicht umfassend behandelt werden. Aber sie kommen exemplarisch zu Wort in aktuellen Debatten, die global relevant sind. Dabei liegt der Fokus auf Themen, die in der Weihnachtsgeschichte direkt angesprochen werden: Geburt und Migration. So geht es zunächst um das Thema Geburt, das die Philosophin Hannah Arendt in die Debatte eingebracht hat – und das wegen des globalen Bevölkerungswachstums heute eine neue, eher prekäre Bedeutung erlangt. Dies führt wiederum zu jenen Migrationsströmen, die heute das Gesicht der Erde verändern. Hier sind Herbergs- und Herodes-Strategien aller Art am Werk, an den verletzlichen Grenzen Europas genauso wie in den Auseinandersetzungen um die Ansiedlung von Migranten und Migrantinnen an den Rändern europäischer Städte. In diesem Themenkomplex von Geburt und Migration wird exemplarisch gezeigt, was die biblischen Weihnachtsgeschichten heute zu sagen haben. Sie laden dazu ein, in dem Ringen um Ungewissheit und Risiko, Schutz und Sicherheit die gewagte Hingabe ins Spiel zu bringen.

Neu geboren werden – eine beharrliche Gnade

Geburt ist ein Thema, um das man an Weihnachten nicht herumkommt. In seinem Mittelpunkt steht das Neugeborene, das in die Krippe gelegt wird, das in die Armen der Eltern Geborgenheit findet, das Menschen aus nah und fern freudig begrüßen. Geborenwerden bedeutet, neu in die Welt einzutreten. Dies ist ein zutiefst humaner Akt, der Menschen in ihrer Menschlichkeit miteinander verbindet. Weihnachten führt das Wunder des Anfangs vor Augen und fordert dazu auf, diesen Neustart zu feiern. Nicht die ausgetretenen Wege des Gewohnten, sondern die fragilen Pfade der Hoffnung sind mit ihr verbunden. Ein Prozess kommt in Gang, dessen Folgen nicht absehbar, geschweige denn kalkulierbar sind. Mit der Abnabelung beginnt ein Eigenleben, das manche Überraschung birgt, unerwünschte und angenehme, erschreckende und äußert erfreuliche.

Weihnachten macht das Geborensein zum Kernthema der Theologie. Aber die Theologie hat hierauf kein Monopol, denn es geht um etwas Humanes, das alle Menschen betrifft. Im 20. Jh. hat die Philosophin Hannah Arendt (1906–1975) das Thema Geburt auf die Agenda gesetzt. In ihrem Buch »Vita activa« von 1958 entwirft sie in dem Kapitel »Das Handeln« eine Philosophie der Natalität. Dieses Wort leitet sie vom lateinischen »natus« ab, das »geboren sein« bedeutet. Arendt bemängelt, dass sich die abendländische Philosophie geradezu mit einem

Tunnelblick auf den Tod ausrichtet und dabei die Geburt vergisst. In einer merkwürdigen Mischung aus Todesangst und Todessehnsucht spricht Martin Heidegger vom »Sein zum Tode«. Auch die Alltagssprache charakterisiert die Menschen als Sterbliche, statt von ihnen als Geborene zu sprechen, die zu jeder Zeit fähig sind, einen neuen Anfang zu setzen.[26] Arendt hält dem Tunnelblick entgegen, »dass Menschen zwar sterben müssen, aber deshalb noch nicht geboren werden, um zu sterben, sondern im Gegenteil, um etwas Neues anzufangen« (Arendt 1981, 242).

Der Tod macht alle Menschen gleich. Die Geburt aber steht für die Einmaligkeit der Handlungspotentiale, die jeder Mensch hat. Niemand weiß, welche Rolle ein Neugeborenes in der Familie, in der Menschheit und in unserer Welt später einmal spielen wird. Seine Handlungspotentiale liegen nicht einfach auf der Hand, sondern sie sind in einem kreativen Prozess überhaupt erst zu entdecken. »Weil jeder Mensch aufgrund des Geborenseins ein *initium*, ein Anfang und Neuankömmling in der Welt ist, können Menschen Initiative ergreifen, Anfänger werden und Neues in Bewegung setzen. [...] Der Neuanfang steht stets im Widerspruch zu statistisch erfaßbaren Wahrscheinlichkeiten, er ist immer das unendlich Unwahrscheinliche; er mutet uns daher [...] immer wie ein Wunder an.« (166 f) Arendt nennt dieses Existenzial menschlichen Lebens »Natalität« oder »Gebürtlichkeit«. Dass der Mensch geboren wird, das ist seine große Chance. Denn Natalität bedeutet, »dass Menschen das Neue, das in die Welt kam, als sie geboren wurden, handelnd als einen neuen Anfang in das Spiel der Welt werfen«. (199)

In der Entwicklung ihres Natalitätskonzepts bezieht sich Hannah Arendt auch auf Jesus von Nazareth. Sie stellt heraus, dass er als Erster das Vergeben als eine Macht entdeckt hat, die Neuanfang ermöglicht. Menschen machen Fehler. Die Angst vor Fehlern mag sie davon abhalten, beherzt zuzupacken und gestaltend in den Lauf der Welt einzugreifen. Die Macht der Vergebung wirkt diesem untätigen Zögern entgegen. Menschen können Fehler machen, sie können scheitern, weil es Vergebung gibt. Das Getane ist unwiderruflich, aber die Macht zu verzeihen eröffnet einen Neuanfang. Verzeihen ist das »Heilmittel gegen Unwiderruflichkeit«, genauso wie das Vermögen, Versprechen zu geben und zu halten, das »Heilmittel gegen Unabsehbarkeit« ist (231).

Arendt schätzt das Christentum wegen der Geburt, die an Weihnachten gefeiert wird. »Daß man in der Welt Vertrauen haben und daß man für die Welt hoffen darf, ist vielleicht nirgends knapper und schöner ausgedrückt als in den Worten, mit denen die Weihnachtsoratorien ›die frohe Botschaft‹ verkünden: ›Uns ist ein Kind geboren.‹« (243) Mit diesem Satz schließt Arendt ihre Überlegungen zur Kunst des Handelns ab. Im Rückblick von heute aus ist es sehr inspirierend, dass Arendt sich in den fünfziger Jahren so zuversichtlich und ermutigend äußert. Sie ist wahrlich keine Philosophin, die an den Schrecken der Welt vorbeischaut. Das Terrorregime des Nationalsozialismus war damals gerade erst beendet worden und übte noch immer seine unsägliche Macht aus – das sollte einige Zeit später der Eichmann-Prozess zeigen. Angesichts der Gräuel der Vernichtung wird es umso wichtiger, die Wandlungskraft der Geburt in den Blick zu nehmen. Nach christlichem Verständnis stellt die Geburt Jesu die Welt unter das Zeichen von Vertrauen und Hoffnung, weil sie auf die Natalität der Menschheit verweist.

Die Theologie kann dieses engagierte Plädoyer als Herausforderung annehmen, ihre Themen und Anliegen stärker von der Geburt her zu betreiben und damit in gegenwärtige Debatten einzubringen – sozial, politisch, kulturell und religiös. Denn leider hat sich nicht nur die Philosophie, sondern auch die Theologie mehr an Leiden und Tod orientiert, statt Jesu Gebürtigkeit im Licht der Auferstehung zu begreifen. Natürlich gab es auch hier Glanzlichter wie das Zweite Vatikanische Konzil, das einen inkarnatorischen Ansatz vertritt und zur Theologie der Natalität in der Gegenwart beiträgt. »Tatsächlich klärt sich nur im Geheimnis des fleischgewordenen Wortes das Geheimnis des Menschen wahrhaft auf. […] Denn er, der Sohn Gottes, hat sich in seiner Fleischwerdung gewissermaßen mit jedem Menschen vereinigt.« (Pastoralkonstitution GS 22) Auch die frisch ernannte Kirchenlehrerin Hildegard von Bingen (geb. 1098) ist hier erwähnenswert, deren inkarnatorische Theologie eine eigene Metapher kennt für die Gnade, neu geboren zu werden: die Grünkraft, lateinisch »viriditas«. Diese Metapher stammt aus dem Sprachschatz der Schöpfung, die nach jedem noch so harten Winter die Kraft entfaltet, Knospen zu treiben und aus winterlichem Grau ein grünes Blättermeer zu zaubern. Gott hat eine fragile, verletzliche Welt geschaffen. Gott gibt ihr aber auch jene Kraft, die Heilung und damit Neuanfang eröffnet.

Arendt stößt die Theologie auf ein ihr ureigenstes Thema und fordert sie heraus, dieses Thema neu und überraschend, sprechend und handelnd ins Spiel der

Welt zu bringen. Dies kann gelingen, wenn die Theologie bei Fragen der Verwundbarkeit ansetzt und den Bogen von der Geburt zur Auferstehung schlägt. Beides ist bei Arendt nicht der Fall. Aber die biblischen Weihnachtsgeschichten sind aus dem Glauben an die Auferstehung Jesu entstanden. Entsprechend leuchten die Weihnachtsgeschichten im Licht der Auferstehung auf, indem diese die Natalität bestätigt und verstärkt: Das Leben steht auf aus dem Tod.

Die Geburt Jesu macht die Natalität der Menschheit zum entscheidenden Thema. Menschen können neu geboren werden, jederzeit.[27] Die Geburt am Anfang eines Lebens weist auf die Fähigkeit der Menschen, mitten aus dem Gewohnten herauszutreten und einen neuen Anfang zu setzen. Natalität ist eine lebenslange, herausfordernde und zugleich beharrliche Gnade. Denn die Möglichkeit, sich dem Akt des Neu-Geborenwerdens zu überlassen und einen neuen Anfang zu setzen, besteht lebenslang. Aber sie will auch ergriffen und im situativen Handeln realisiert werden. Beharrlich ist diese Gnade, weil sie verlockend ist. Sie lässt nicht nach in dem Bestreben, Auswege zu finden, wo Sackgassen drohen; sich zusammenzuschließen, wo Vereinzelung den Ton angibt und politisch erwünscht ist; und wo Missgunst und Resignation herrschen, engagiert sie sich dafür, gezielt Vertrauen zu wagen und Zeichen der Hoffnung zu setzen.

Allerdings hat heute, mehr als fünfzig Jahre nach den Überlegungen Arendts, »die Natalität der Menschheit« noch einen ganz anderen Klang gewonnen. Im Jahr 1950 lebten etwa zweieinhalb Milliarden Menschen auf der Erde. Heute sind es mehr als sieben Milliarden. Als diese Marke im Herbst 2011 erreicht wurde, da war Natalität gar nicht so positiv in der Debatte. Vielmehr stellten sich bange Fragen. Wie viele dieser vielen Menschen werden an Hunger, Krankheit und Verelendung sterben? Welchen Migrationsdruck wird die wachsende Weltbevölkerung auf Europa ausüben? Wie können Menschen sich schützen vor der Gewaltsamkeit, die in der ungerechten Verteilung globaler Lebensressourcen lauert?

Hier zeigt sich mit globaler Brisanz, dass Natalität mit Verwundbarkeit verbunden ist. Geburten verkörpern eine prekäre Biomacht – das hat der französische Philosoph Michel Foucault zwanzig Jahre nach Arendts »Vita activa« zur Sprache gebracht.[28] Das heißt jedoch nicht, dass eine Theologie der Natalität an ihr Ende gekommen sei, bevor sie richtig begonnen habe. Vielmehr fordert sie dazu heraus, dem Weihnachtsthema der Verwundbarkeit mehr Gewicht zu verleihen in Fragen von Natalität und Hingabe.

Migration – prekäre Verwundbarkeit im Zeichen der Zeit

Nicht erst die Verwundung selbst, sondern allein schon das Wissen um die Tatsache, dass wir verwundbar sind, übt eine unerhörte Macht aus. Die potentielle Gefahr, verwundet zu werden, wirkt sich gravierend auf das Denken und Handeln aus. Das gesamte Versicherungssystem speist sich aus dieser Macht, genauso wie die militärischen Schutzschilde, die Staaten und Staatsverbünde an ihren Grenzen errichten. Einzelne Menschen und Gruppen, Staaten und Religionen befürchten, verwundet zu werden. Und sie tun vieles, um das zu verhindern. Dies kann durchaus Leben schützen, bewahren und eröffnen. Es kann aber auch in vielen Varianten gefährlich werden bis dahin, dass es den Tod bringt, und zwar häufig den Anderen.

Besonders prekär und damit signifikant wird Verwundbarkeit im Kontext jener weltweiten Migration, die heute allerorten zu Verwerfungen führt. Der kanadisch-britische Journalist und Migrationsforscher Doug Saunders schreibt über die Ortswechsel vom Land in die Stadt: »Diese Bewegung erfasst eine bisher noch nie da gewesene Zahl von Menschen – zwei oder drei Milliarden, vielleicht ein Drittel der Weltbevölkerung – und wird nahezu alle Menschen auf spürbare Weise betreffen.« (Saunders 2011, 7) Auch in den Migrationsdebatten ist »Vulnerabilität« ein Schlüsselbegriff.[29] Denn Menschen, die draußen auf ungewissen Wegen unterwegs sind, sind verletzlicher als andere, die sich zuhause in sicheren Räumen aufhalten.

Dabei ist es wichtig, zwischen freiwilliger und erzwungener Migration zu unterscheiden, auch wenn die Grenzen manchmal fließend sind. Auf der einen Seite migrieren Menschen freiwillig. Ins Ausland zu gehen und dort eine Zeit lang zu studieren steht bei vielen Studierenden ganz oben auf der Wunschliste. Menschen wechseln ihren Lebensort, weil sie dem Ruf der Liebe folgen, sich bessere Berufschancen ausrechnen oder weil die Lebenskultur eines anderen Landes sie anzieht. Auch solche freiwillige Migration erhöht Vulnerabilität, denn man verlässt soziale Netzwerke, man ist in der Fremde, frühere Absicherungen gelten nicht mehr, Lebensumstände werden weniger kalkulierbar. Aber wenn Menschen dieses Risiko freiwillig eingehen, dann fühlen sie sich nicht primär als Victim, selbst wenn diese Entscheidung ihnen Opfer abverlangt. Sie geben ein Sacrifice, weil sie sich viel mehr erhoffen, als sie riskieren.

Bei unfreiwilliger Migration, die politischen, wirtschaftlichen oder ökologischen Gründen folgt, steht hingegen zunächst der Victim-Charakter im Mittelpunkt. Vulnerabilität erhöht sich in potenzierter Form. Wenn man gehen muss, so ist das viel schwerer, als wenn man sich freiwillig und freudig aufmacht. Dabei ist entscheidend, welche Möglichkeiten Menschen erhalten, am Zielort im Sinn der Natalität einen neuen Anfang zu setzen. Im Jahr 2013 liegt die Zahl der erwerbslosen Jugendlichen in Spanien bei 56 Prozent. Wenn Jugendliche nun ins Ausland gehen und eine Ausbildung beginnen, erhalten sie dort eine solche Chance – und sind sie bereit, sie im Sinne der Natalität zu ergreifen? Wenn ja, dann kann sich die Dominanz des Victim-Seins in ein Sacrifice verwandeln, das befreit und Leben eröffnet.

Die Verwundbarkeit ist am höchsten bei Menschen, die fliehen müssen, um ihr Leben zu retten. Flüchtlinge haben gute Gründe, sich so weit wie möglich abzusichern und vor Verwundungen zu schützen. Weil sie so verwundbar sind, brauchen sie Schutz. In heutigen Migrationsdiskursen ist Vulnerabilität daher etwas, das es zu vermeiden gilt. Das »Fenster der Verwundbarkeit« soll möglichst dicht verschlossen werden. Häufig wird die Flucht zu einem Weg ins Ungewisse. Dies ist bedrängend für Menschen, die fliehen müssen. Es kann aber auch bedrängend werden für jene, die sich von dieser Flucht Anderer in ihrer eigenen Verwundbarkeit angetastet sehen. Die Insel Lampedusa steht heute für diese Problematik.[30] Menschen befürchten, dass die Flucht

Anderer oder einfach deren Arbeitsmigration die eigenen Ressourcen bedrohen: Der eigene Arbeitsplatz kann in Gefahr geraten oder der Lohn wird drastisch reduziert; der eigene Lebensort im Stadtviertel kann sozial abrutschen, wenn sich viele Migrantinnen und Migranten ansiedeln; die Sozialversicherungssysteme geraten unter Umständen ins Wanken.

Dies alles muss nicht eintreten. Aber allein schon die Befürchtung, dass dies geschehen wird, kann eine Haltung der Natalität den Neuankömmlingen gegenüber verhindern. Vulnerabilität zeigt sich global als prekär, weil man jederzeit selbst von ihr getroffen werden kann. Das macht die Auseinandersetzungen um Migration so konfliktbeladen und gewaltbesetzt. Und diese Auseinandersetzungen sind mittlerweile nicht mehr weit weg in anderen Ländern, sondern sie finden an den eigenen Landesgrenzen, im benachbarten Stadtviertel, direkt vor der Haustür oder sogar im eigenen Wohnhaus statt. Sie werden, wie Doug Saunders sagt, fast alle Menschen *spürbar* betreffen, wenn auch in sehr unterschiedlicher Weise.

Migration ist das, was die Theologie ein »Zeichen der Zeit« nennt (vgl. Gruber / Rettenbacher 2013). Sie ist signifikant für das, was in der Gegenwart geschieht. Sie zeichnet unsere Zeit aus, weil etwas Neues geschieht, das die Weichen in die Zukunft hinein umstellt. So wird vielleicht die derzeitige Migration vom Land in die Stadt das enorme Wachstum der Weltbevölkerung aufhalten. Denn Menschen, die in Städten leben, bekommen weniger Kinder als diejenigen auf dem Land.[31] Jedenfalls kennzeichnet die globale Migration quer über alle Landesgrenzen und Meere hinweg unsere Zeit. Wer zu den entscheidenden Fragen der Gegenwart etwas beitragen will, braucht Aufmerksamkeit für dieses Zeichen der Zeit. Auch für die Theologie ist es von besonderer Relevanz. Denn nur mit Blick auf diese Zeichen kann sie selbst entdecken, was das Evangelium – hier speziell die biblische Weihnachtsgeschichte – in den Auseinandersetzungen der Gegenwart zu sagen hat.

Migration verweist auf etwas Unerhörtes, das erhört werden will: die gefährliche Macht der Vulnerabilität. Migration als Zeichen der Zeit ist von ihr gezeichnet. Wo auch immer es um Fragen der Migration geht, da melden sich Wunden und Verwundbarkeiten zu Wort. Dies wiederum birgt ein enormes Konflikt- und Gewaltpotential. Am naheliegenden Beispiel Europas zeigt sich dies überdeutlich. Europa ist eine Staatengemeinschaft, die verpflichtet ist, ihre Bürger und Bürgerinnen zu schützen. Hierzu braucht es Grenzen, Barrikaden und Waffen. Ob es sich um Flüchtlinge, Arbeitsuchende, Drogen- und Menschenhändler oder Terroristen handelt – Menschen, die unbedingt hereinwollen, werden sich durch freundliche Bitten nicht von einer Grenzüberschreitung abhalten lassen. Verschiedene Strategien sind hier denkbar. Die Grenzsicherung kann sich verhalten wie die Herbergsleute, die ihren Lebensort dicht machen, um ihre Ressourcen vor dem Zugriff Anderer zu bewahren. Sie kann wie die Schriftgelehrten und Hohenpriester zum Verrat bereit sein, wenn Diktaturen anderer Länder Unterstützung erbitten und als Preis hierfür die eigenen Grenzen dicht machen. Sie kann Herodes-Strategien aller Art anwenden, die zum Selbstschutz die Verwundung Anderer bewirkt.

Wie prekär die Grenzen hier sind, das zeigen die Debatten um das europäische Schutzsystem »Frontex« (Frontières extérieures), eine Institution, die der Rat der Europäischen Union 2004 gründete. Die »Europäische Agentur für die operative Zusammenarbeit an den Außengrenzen der Mitgliedstaaten der Europäischen Union« ist für die Sicherheit der Außengrenzen Europas zuständig. Frontex ist eine politische Macht, die auch mit militärischen Strategien und Mitteln agiert.[32] Die Institution arbeitet eher im Schatten der Öffentlichkeit, das zeigt die Sprache, die sie spricht. Schon ihr Name sagt nicht genau, worum es geht. Gegen Agenturen ist nichts einzuwenden und gegen »operative Zusammenarbeit« schon gar nichts. Das klingt alles ganz harmlos. Aber der Name trifft nur einen Teil der Arbeit wie beispielsweise die grundlegenden Risikoanalysen. Tatsächlich geht es bei dieser Kooperation um Grenzschutz, und dieser hat es nun mal mit Grenzen, Schutzwällen, Barrikaden und leider auch mit Waffen und militärischen Aktionen zu tun.

Auffällig ist, dass die Tätigkeit von Frontex zum einen sehr allgemein und zum andern mit positiv konnotierten Begriffen beschrieben wird. Hier wird von »integriertem Grenzmanagement«, »technischer Unterstützung«, »operativer Kooperation«, »koordinierten Rückführungsaktionen«, »Grenzschutzaktivitäten« gesprochen.[33] Integration, Unterstützung, Rückführung, Aktivität, Kooperation und Koordination – diese Worte verschleiern die Verwundungen, die hier auf dem Spiel stehen. Was genau tut Frontex mit seinen Schiffen, Hubschraubern und »schwerem technischen Gerät«? Über welche Waffen verfügen seine Mitarbeiter und was tun sie damit?[34] Die Wortwahl verschleiert die Gewalt, die durch Verwei-

gerung der Grenzüberschreitung, Einzel- und Massenab-
schiebungen, Verweigerung von Wasser für (Ver)Durs-
tende oder gar durch Waffengebrauch geschehen kann.
Frontex hat große »Erfolge« zu verbuchen[35]. Es ist nicht
anzunehmen, dass diese allein mit gutem Zureden erzielt
wurden.

An den Außengrenzen Europas kommt es alltäglich zu
Zerreißproben der Menschenrechte. Der Übergang von
der Strategie der Herbergsleute zu Herodes-Strategien
aller Art ist hier fließend. Wenn den Migrantinnen und
Migranten, die auf langen, gefährlichen und kräftezeh-
renden Pfaden unterwegs waren, der Grenzübertritt verweigert wird, wann ist das ein In-Kauf-Nehmen? Wann
wird aktiv Gewalt ausgeübt? Seit die Grenzen innerhalb
Europas durchlässiger wurden, wandelt sich Europa insgesamt zu einer Herberge, die noch dazu gut befestigt ist.
Aus gutem Grund spricht man mittlerweile von der »Fes-
tung Europa«. Sie weist unzählige Menschen zurück, die
Zuflucht in der Herberge brauchen. Alle Menschen, die
in Europa leben und von Frontex profitieren, sind Herbergsleute. Wegschauen und die eigenen Ressourcen
bewahren, vielleicht sogar horten, das ist hier ein weit
verbreiteter Schutzmechanismus.

Dabei gibt es auch Menschen in Europa, die selbst
schon so stark verwundet sind, dass es ihnen schwerfällt,
auf die Verwundungen Anderer zu achten. Wenn die Er-
werbslosigkeit im Land enorm hoch ist und Jugendliche
kaum noch Zukunftsperspektiven haben, kann eine
Grenzöffnung riskant werden. Nicht allen Menschen in
der Herberge geht es gut. Aber gerade der Blick auf diese
Menschen zeigt, wie prekär die Macht der Verwundbarkeit ist. Wann rechtfertigt die eigene soziale Situation das

Abweisen von Hungerflüchtlingen oder den Waffengebrauch an der Grenze?

Die Grenzsicherung Europas zeigt, was auch andernorts virulent ist. Das sehr verständliche Bemühen darum,
selbst nicht verwundet zu werden, fordert unsägliche
Opfer. Welche Ressourcen setzt man ein, um Verwundungen zu vermeiden? Handelt es sich hier um eigene
oder um fremde Ressourcen – die Bodenschätze anderer
Länder, die Arbeitskraft von Menschen in ruinösen Arbeitsbedingungen, die Ressourcen späterer Generatio-
nen? Welche Ressourcen werden von mir verbraucht,
obwohl sie andernorts viel dringender gebraucht würden?

Die biblischen Weihnachtsgeschichten weisen auf solche Fragen hin. Sie schärfen die Aufmerksamkeit für die
unsägliche Macht, die aus der eigenen Verwundbarkeit
entsteht. Gerade weil diese Macht so unerhört ist, muss
sie zur Sprache kommen. Selbstschutz und Verwundung
Anderer liegen oft dicht beieinander. Wohl kaum jemand
führt sich gern vor Augen, dass man z. B. durch das Zahlen von Steuern indirekt daran beteiligt ist, dass Hunger-
flüchtlinge an der Landesgrenze zurückgewiesen werden.
Es widerstrebt der eigenen Ethik und dem Bekenntnis zu
den Menschenrechten. Aber nur wenn solche Machtfra-
gen offen zur Sprache kommen, benannt und diskutiert
werden, kann man entscheiden, in welche Richtung man
sie beantwortet. Die Verwundungen, die Andere erleiden, dürfen weder verharmlost noch verschwiegen werden. Vielmehr gilt es, den Blick gezielt auf die Opfer der
Anderen zu richten und danach zu fragen, was der
Selbstschutz kostet – nicht nur uns selbst, sondern auch
die Anderen.

Herodes-Strategien überwinden –
wider die Utopie der Unverwundbarkeit

Im Spektrum dessen, was Menschen zum Selbstschutz tun können, ist die Herodes-Strategie besonders prekär. Leider ist sie nicht nur eine Sache biblischer Vergangenheit. Um sich selbst zu schützen, verwundet man auch heute noch Andere – im Kleinen wie im Großen, im Privatleben wie in der Politik. Das Bemühen um Nicht-Verwundung erzeugt unsägliche Opfer. Nicht-Verwundung kostet. Dabei wird die Herodes-Strategie besonders gefährlich, wenn sie mit der Utopie der Unverwundbarkeit verbunden wird, die bereits bei Herodes eine heikle Rolle gespielt hat. Dies erläutere ich im Folgenden anhand von zwei Beispielen, die mit Fragen der Migration verbunden sind: der *Arabische Frühling* und die sogenannten *Arrival Cities*.

Die zerstörerische Macht der Herodes-Strategien

Urbild der Unverwundbarkeit ist der griechische Held Achill. Seine Mutter, eine unsterbliche Göttin, tauchte ihn als Kind in den Unterweltfluss. Denn das Wasser dieses Flusses macht unverwundbar und könnte damit die Sterblichkeit des menschlichen Vaters, eines Königs, überwinden. Allerdings hält die Mutter Achill an der Ferse fest, als sie ihn in die Fluten taucht. So entsteht die sprichwörtliche »Achillesferse«, seine verwundbare Stelle, die später von einem tödlichen Pfeil getroffen wird. Ganz ähnlich verläuft die Geschichte bei Siegfried, der im Blut des Drachen badet, aber das Lindenblatt zwischen seinen Schulterblättern übersieht. Auffällig ist, dass beide Männer »Kriegshelden« sind, Heroen, die in den Kampf ziehen und dort ihre Unverwundbarkeit einsetzen. Die Überzeugung, unverwundbar zu sein, führt bei ihnen nicht dazu, dass sie in aller Gelassenheit ein friedliches Leben führen. Auch das wäre möglich. Aber das geschieht nicht. Vielmehr ziehen die vermeintlich Unverwundbaren umso stürmischer und rücksichtsloser in den Kampf, denn sie wähnen sich schuss- und kugelsicher.

Auch in heutigen Auseinandersetzungen um Vulnerabilität ist die Utopie der Unverwundbarkeit am Werk. Menschen träumen von Schutzschilden, die so gut funktionieren, dass sie durch nichts und niemanden mehr durchdrungen werden können. Ein politisches Beispiel hierfür kann man seit 2011 bei den Diktatoren verfolgen, die im »Arabischen Frühling« gestürzt wurden. Das Volk ihres Landes hatte sich schon längst zu nachhaltigem Widerstand formiert. Dennoch waren die Diktatoren überzeugt, dass sie ihre Machtposition halten könnten. Sie hingen der Utopie an, letztlich unverwundbar zu sein. Sie brauchten nicht zurückzutreten, denn sie hatten ausreichend Wächter und Waffen, um sich vor dem Absturz zu schützen. Und sie waren skrupellos bereit, alle verfügbaren Machtmittel einzusetzen. Aber dies funktionierte nicht. Sie wollten sich vor Angriffen sichern, indem sie ihre Wachen verstärkten. Was aber, wenn sich unter den Wachen schon der Aufstand breitgemacht hat? Wenn jemand aufmuckte, wurde er kurzerhand beseitigt. Was aber, wenn ein toter Revolutionär sieben neue, lebendige Widerständler hervorbringt? Damit der Diktator alles weiß, machte er sein Spitzelsystem allgegenwärtig. Was aber, wenn die Spitzel ihm nicht die Wahrheit sagen?

Statt an das Ziel eines sicheren Machtsystems zu kommen, gerieten die Staaten in eine Spirale der Gewalt, die großenteils bis heute anhält. Je mehr Waffen die Diktatoren einsetzten, desto mehr Menschen aus dem eigenen Volk wurden verletzt und desto größer wurde der Widerstand. Je mehr Spitzel und Staatstrojaner sie einsetzten, Lügen verbreiteten und ihre Propaganda verstärkten, desto mehr wollten die Menschen die Wahrheit hören und sprachen sie selbst offen aus. Je mehr und je skrupelloser sich die Diktatoren durch Waffen schützten, Folter einsetzten und eine Allmacht der Angst installierten, desto größer wurde der Mut der Menschen, sich dagegen zur Wehr zu setzen.

Dass Menschen oder Staaten durch Schutzschilde und Waffen unverwundbar werden könnten, ist eine Utopie, die zu unsäglichen Opfern unzähliger Menschen führt. Bei den Diktatoren selbst hat sie dazu geführt, dass sie den Zeitpunkt eines Rücktritts verpasst haben. Utopien sind tückisch. Sie gaukeln etwas vor und erzwingen ein Handeln, das das Gegenteil dessen bewirkt, was sie angeblich erzielen wollen. Wenn Diktaturen zusammenbrechen, hinterlassen sie ein verwüstetes Land. Frühere Lebensorte sind zerstört, und Menschen müssen sich auf den Weg machen, um sich andernorts neue Lebenschancen zu erschließen. So kommt es nach dem Zusammenbruch zu unkalkulierbaren Migrationsströmen.

Diktaturen führen ein Beispiel vor Augen, aber die Herodes-Strategie ist nicht auf politische Herrschaftssysteme beschränkt.[36] Vielmehr wird diese Strategie der Verteidigung in vielen, allzu vielen Lebensbereichen angewandt. Verwundungen tasten das Leben an. Sie konfrontieren mit dem Tod. Das zerstörerische Potential von

Wunden greift auf das eigene sowie auf fremdes Leben zu. Aus diesem Grund will man Verwundungen *unbedingt* vermeiden. Man will nicht angreifbar sein. Das zeigt im Deutschen allein schon der Sprachgebrauch. »Sich angreifbar machen« ist hier nichts Erstrebenswertes. Der Hinweis »Damit machst du dich angreifbar!« weist auf eine Gefahr hin, die man besser vermeiden sollte. Es wird eine Warnung ausgesprochen und ein anderes Verhalten empfohlen. Wer sich angreifbar macht, macht einen Fehler. Stattdessen scheint ein ganz anderes Motto empfehlenswert: »Angriff ist die beste Verteidigung.«

In der Politik ist diese Strategie alltäglich zu beobachten. Aber auch auf dem Arbeitsmarkt wird mit harten Ellbogen und intriganten Praktiken gekämpft. Im Privatleben zeugen blutige Familiendramen davon, wie schnell Menschen in Gewaltspiralen versinken. Um eigene Verwundung zu rächen und neue Wunden zu verhindern, schlägt man zu. Wohl kaum jemand kann von sich behaupten, dies zumindest mit Worten niemals getan zu haben. Auch Mütter sind manchmal bereit, zum Schutz der eigenen, über alles geliebten Kinder gegenüber Dritten gewalttätig zu werden. Die Herodes-Strategie ist weit verbreitet. Sie wurde während der gesamten Menschheitsgeschichte von einzelnen Menschen genauso wie von Religionen, Kulturen und Staaten angewandt. Sie fängt alltäglich im Kleinen an, kann aber bis zur Bluttat führen, die bedenkenlos Leben niedermetzelt. Auch die Kirche, die eigentlich der christlichen Alternative gewagter Selbsthingabe folgen müsste, hat sie im Lauf der Geschichte bis heute immer wieder angewandt. Religionen setzen die Herodes-Strategien oft sogar besonders konsequent und grausam ein, weil sie überzeugt sind, das Recht des Heiligen auf ihrer Seite zu haben. Das zeigen die religiös motivierten Selbstmordattentate, die die politische Landschaft in den letzten Jahren neu formiert haben.

Ankunftsstädte – überraschende Orte einer Kultur des Teilens

Zur Zeit erwachsen Migrationsströme aus globalen Umbrüchen und rufen zugleich tiefgreifende Konflikte hervor. Auch hier kommen Herbergs- und Herodes-Strategien häufig zur Anwendung. Da es in der Migration um die Verteilung von Ressourcen und den Zugang zu Lebensmitteln geht, versuchen Einzelpersonen, Städte und Staaten, sich möglichst unverwundbar zu machen. Diese Problematik verkörpert sich in Orten, denen Doug Saunders 2010 einen eigenen Namen gab: Arrival Cities, Ankunftsstädte. Es sind jene speziellen Stadtteile, die die Wanderbewegungen rund um den Globus kreieren. Saunders beschreibt in seinem Buch zahlreiche Stadtteile, beispielsweise West Adams in Los Angeles (USA), Liu Gong Li (China), Tower Hamlets in London (Großbritannien), Santa Marta in Rio de Janeiro (Brasilien), Biswanath in Sylhet (Bangladesch). Sie sind in vielen Punkten sehr unterschiedlich, haben aber Gemeinsamkeiten, die sie zu einem signifikanten Ort der Gegenwart machen, eben zu »Arrival Cities«.

Aufgrund ihrer auszehrenden Lebensbedingungen ziehen Menschen vom Land in die Stadt. Dort finden sie zunächst nur am Rand einen Ort, meist illegal und dort, wo bereits Migrantinnen und Migranten leben. »Die große Wanderungsbewegung manifestiert sich in der

Schaffung eines ganz besonderen städtischen Ortes. Diese Übergangsräume – die Ankunftsstädte – sind die Orte, an denen sich der nächste große Wirtschafts- und Kulturboom oder die nächste große Explosion der Gewalt ereignen wird. Was sich letztlich durchsetzt, hängt von unserer Fähigkeit, solche Entwicklungen wahrzunehmen, und von unserer Bereitschaft zum Engagement ab.« (Saunders 2011, 11)

In Arrival Cities werden neue Weichen in die Zukunft gestellt. Es sind entscheidende Orte, obwohl sie nach außen hin wirken, als gebe es hier nur Armut und Elend und überhaupt keine Zukunft. Aber hier kommen Menschen an, die überaus bereit sind, etwas zu bewegen. Sie wollen für sich und für ihre Familien eine Verbesserung der Lebensbedingungen erreichen. Sie wollen die Familien unterstützen, die in ihren Herkunftsdörfern zurückgeblieben sind. Sie wollen die Armut überwinden. Dafür setzen sie rund um die Uhr ihre ganze Arbeitskraft und ihre ganze Kreativität ein. Mit Findigkeit und Durchhaltekraft schaffen sie sich Arbeit mit Produkten, von denen sie selbst herausgefunden haben, dass sie in der Kernstadt gebraucht werden. Und vor allem tun sie das, wovon auch die Weihnachtsgeschichten erzählen: Sie etablieren eine Kultur des Teilens. Arrival Cities leben aus ihren Netzwerken, in denen Lebensmittel und Arbeitschancen sich vermehren, weil man sie miteinander teilt. Wenn Nichten und Neffen aus den Herkunftsdörfern in den Ankunftsstädten eintreffen, werden sie mit offenen Armen empfangen. Der Wohnraum ist eng und überfüllt, aber man rückt noch enger zusammen. Das Essen ist knapp, aber man teilt es. Obwohl sie selbst wenig haben, etablieren die Menschen eine

Kultur der Gabe. Sie werden zu Kulturschaffenden, indem sie das wagen, was im Christentum Hingabe genannt wird.

Wenn es den Migranten und Migrantinnen gelingt, ihren Ankunftsort zu einem wirklichen Lebensort zu verwandeln, dann wird aus dem Stadtviertel eine Arrival City, ein überraschender Ort der Geburt. Diese Ankunftsstadt sieht zunächst noch genauso aus wie ein Elendsviertel. Kaum etwas scheint sich hier je zu verändern. Aber das täuscht. In Arrival Cities gibt es eine hohe Fluktuation nach oben, in eine besser gestellte soziale Schicht. Weil aber ständig neue und immer mehr Menschen hinzukommen, fällt der Wegzug nicht auf, wenn man nicht so genau hinschaut. Vielleicht läuft es sogar besonders gut, dann wendet sich das Stadtviertel selbst zum Besseren. Aus dem Elendsviertel wird erst eine Arrival City, die sich allmählich von einem Randviertel zu einer neuen Kernstadt entwickelt. Daher ist die Arrival City »der Ort, an dem sich alles ändert«, wo »sich die nächste Mittelschicht herausbildet und die Träume, Bewegungen und Regierungen der nächsten Generation entstehen.« (7;10)

Aber diese Entwicklung kann auch ausbleiben. Wenn die Menschen keine bezahlte Arbeit finden und wenn ihnen der Zugang zur Kernstadt nachhaltig verwehrt wird, dann rutscht der Randbezirk ab in Elend, Frustration und Verzweiflung. Solche Stadtviertel bergen ein enormes Konfliktpotential, denn hier kann jederzeit die Gewalt explodieren. 2013 hat sich dies in Stockholm gezeigt, als dort plötzlich, aus deutscher Perspektive wie aus dem Nichts, heftige Krawalle ausbrachen, die sich rasch auf andere Städte wie Uppsala und Malmö ausbreiteten.

Autos und Häuser wurden abgefackelt, Geschäfte überfallen und ausgeraubt, die Polizei attackiert.

Für die Entwicklung der Trabantenstädte sind der Arbeitswille, die Kreativität und vor allem die Kultur des Teilens unter den Neuankömmlingen wichtig. Aber sie allein entscheiden nicht darüber, ob sich ihr Ort zur Arrival City oder zum sozialen Abgrund entwickelt. Ein Schlüssel hierfür ist vielmehr das Verhalten der Kernstädte, auf die die Migrantinnen und Migranten ihren Ehrgeiz richten. Die Kernstädte erleben die Orte, die heimlich, illegal und rasant an ihren Rändern wachsen, häufig als Bedrohung. Sie sehen in der Migration ein Menetekel, das seine bedrohlichen Schriftzeichen ins eigene Innere einschreibt. Sie fürchten sowohl das Bedürfnis der Neuankömmlinge nach Ressourcen als auch das latente Gewaltpotential. Daher reagieren sie mit Herodes-Strategien. In ihren Augen handelt es sich um schändliche Orte, die mit abwertenden Bezeichnungen wie Slum oder Shantytown belegt werden. »Slum« bedeutet auch »Saustall«. Saunders berichtet von zahlreichen Beispielen, wie sich die Kernstädte dagegen abgrenzen. Sie machen die Schotten dicht, verweigern den Zugang in ihr Inneres und grenzen die Neuankömmlinge aus. Sie glauben, sich möglichst unverwundbar machen zu müssen. Daher schützen sie sich durch Mauern und kommen irgendwann mit Bulldozern. Die notdürftigen Unterkünfte werden samt ihren improvisierten Arbeitsplätzen niedergewalzt.

Die Illusion der Unverwundbarkeit produziert unsägliche Ausschließungen. Aber wo eine Trabantenstadt zum Ort der Gewalt wird, statt sich zum Ort überraschender Geburten zu wandeln, da ist auch die Kernstadt in Gefahr. Beide Seiten verlieren. Herodes-Strategien sind kontraproduktiv. Sie verlagern Konflikte und verschärfen sie, statt eine Lösung anzugehen. Das Gewaltpotential steigt und kann jederzeit aktiviert werden. Dann genügt oft ein kleiner Anlass, um das Pulverfass zur Explosion zu bringen. Darüber hinaus verliert die Kernstadt mit Herodes-Strategien ihre Chance, selbst an Kreativität zu gewinnen, indem sie sich mit der Erfindungskraft der Ankömmlinge verbindet.

In die Konflikte um die Arrival Cities dieser Welt kann das Christentum seine weihnachtlichen Perspektiven einbringen. Sie weisen über den Tunnelblick hinaus, von dem die Kernstädte häufig gebannt sind. Denn von der Krippe an führt die Geschichte Jesu vor Augen, dass die Verwundbarkeit der Anderen, hier der Menschen, die migrieren, eine Aktivität braucht, die über den Selbstschutz vor Verwundung hinausgeht. Im Leben ist es unbestreitbar wichtig, sich zu schützen und die Gefahr der Verwundung niedrig zu halten. Niemand will verletzt werden und Schmerzen erleiden. Selbstschutz ist überlebenswichtig. Aber genauso wichtig ist die Frage, wo es notwendig ist, die eigene Verwundung zu riskieren. Auch diese Frage müssen sich die Kernstädte stellen. Bei Entscheidungen an der Grenze hat man es immer mit einer Doppelfrage zu tun:

- Wo ist es notwendig, sich selbst vor Verwundung zu schützen?
- Und wo ist Hingabe gefragt, die das Wagnis der Verwundbarkeit eingeht?

Kernstädte gehen das Wagnis der Verwundbarkeit ein, wenn sie Brücken bauen in die Trabantenstädte hinein. Sie tun dies aus gutem Grund, denn als »Alteingesessene« können sie die Kreativität, die die Arrival Cities subversiv verkörpern, gut brauchen. Wenn sich die Kernstädte nur unverwundbar machen wollen und sich abschotten, versiegt ihre eigene Kreativität. Sie verlieren unmerklich ihre Zukunft. Wo sie dagegen ihre Herodes-Strategien überwinden und Brücken bauen, die Austausch ermöglichen, da transformieren sich die Kernstädte selbst in Orte der Geburt. Solche Brücken verkörpern sich in Straßen, Wasserleitungen und Stromnetzen, die in die neuen Ballungszentren hineingebaut werden. Brücken materieller und geistiger Art sind immer eine gewagte Sache. Man weiß nicht, was über sie ins eigene Innere hineinkommen wird. Brücken machen verwundbar. Aber nur wenn man diese Verwundbarkeit riskiert, wird die alteingesessene Kernstadt selbst zu einer Arrival City.

Die Arrival Cities und ihre Auseinandersetzungen mit den Kernstädten – und umgekehrt – sind für eine Theologie, die sich an der weihnachtlichen Geburt orientiert, aufschlussreich und inspirierend. Hier zeigt die Gegenwart, dass Weihnachten keine Utopie ist, die erbauliche, aber wirkungslose Luftschlösser malt. Vielmehr führt Weihnachten Handlungsalternativen vor Augen, die eine konkrete Verortung brauchen und der Verwirklichung harren. Die Arrival Cities erschaffen eine Kultur des Teilens, die also tatsächlich möglich ist und sogar zu einer gesellschaftlichen Strategie heranwachsen kann. Dabei sind die Ankunftsstädte keineswegs christlich, sondern religiös und kulturell von großer Vielfalt. Aber erinnert nicht auch das an die Pluralität jener Menschen, die sich um die Krippe Jesu versammeln?

Arrival Cities sind zunächst konkrete Orte der Gegenwart, die man in globale Landkarten einzeichnen kann. Zugleich verkörpern sie eine bestimmte Lebenshaltung oder besser gesagt: eine Lebenskunst. Was die Menschen hier tun, eröffnet eine Art zu leben, die heute auch andernorts dringend gebraucht wird. Das macht die Arrival Cities zu signifikanten Orten der Gegenwart. Ist man als Einzelperson, als Staat oder auch als Religionsgemeinschaft bereit, einen Ort der Ankunft zu schaffen, wo fremde Menschen, fremde Perspektiven und fremde Kulturen willkommen sind?

Im persönlichen Lebensbereich stellt sich die Frage alltäglich, denn wir leben in einer Welt, wo sich permanent alles Mögliche und Unmögliche verändert. Jeden Tag werden wir mit Fremdem konfrontiert, das nicht vor der eigenen Haustür Halt machen will. Wie gehen wir damit um – mit einer Strategie der Ausschließung, die die Schotten dicht macht, die eigenen Ressourcen hortet und das beliebte Wegschauen praktiziert? Man kann das Fremde ausgrenzen, indem man seine Schwächen herausstellt und alle möglichen Gefahren in drastischen Farben ausmalt. Dies ist die Haltung des Ressentiments. Man stellt die Schwächen der Anderen so heraus, dass die eigenen Stärken umso mehr zur Geltung kommen. Oder praktiziert man eine Haltung der Natalität, die neugierig ist auf das kreative Potential des Fremden?

Das Weihnachtsfest setzt im heutigen Migrationsdiskurs ein Zeichen, das Vertrauen schafft und Hoffnung eröffnet: die Lebensmacht, die aus dem Wagnis der Verwundbarkeit wächst. In die gesellschaftlichen Auseinandersetzungen um Risiken, Sicherheit und Schutz bringt Weihnachten das Wagnis der Hingabe ins Spiel. Sie setzt auf diese andere Lebensmacht, die im Wagnis der Verwundbarkeit entsteht. Mit dieser Macht kommt eine Kategorie ins Spiel, die auch das geschlossene Denken der Kernstadt für alternative Handlungsoptionen zu öffnen vermag. Dies geht nicht ohne Streit und Machtkonflikte darüber ab, wo Selbstschutz nötig und wo Hingabe gefragt ist. Aber auch die Kernstadt kann und muss selbst auf diese Macht aus Verwundbarkeit setzen, die in den Arrival Cities bereits am Werk ist. Auf diesem Weg kann Migration zu einem hoffnungsvollen Zeichen unserer Zeit werden, das auf jene geheimnisvolle Kraft vertraut, die an Weihnachten am Werk ist.

Macht aus Verwundbarkeit –
ein gewagtes Unterfangen

In einer Welt der Gewalt wollen Menschen und Staaten unverwundbar sein. Ein Gott aber, der Kind wird, durchbricht dieses Denken. Mit der Geburt des Kindes in der Krippe weist Weihnachten daher auf eine Handlungsalternative hin: die gewagte Hingabe. Denn auf die Risiken des Lebens und die Wunden der Welt antwortet Gott nicht, indem er in Unverwundbarkeit verharrt. Vielmehr geht er das Wagnis der Verwundbarkeit ein. In einer gewagten Gabe seiner selbst stellt er sich den körperlichen, sozialen, kulturellen und religiösen Verletzungen des menschlichen Lebens. Er wird Mensch und offenbart sich als schutzbedürftiges Kind. Um leben zu können, braucht dieses Kind den Geburtsschmerz der Mutter

Maria, den Besuch der armseligen Hirtinnen und Hirten, die Gaben der dahergelaufenen Sterndeuter, den beharrlichen Beistand des sozialen Vaters Josef.

Jedes Neugeborene führt die Verwundbarkeit als unausweichliche Tatsache des Lebens vor Augen. Es bedarf der hingebungsvollen Zuwendung anderer Menschen, damit es überhaupt leben kann. Unzählige Eltern weltweit geben ohne zu zögern ihre eigenen Ressourcen her, um Neugeborene auf einen guten Weg ins Leben zu bringen. Dies zeigt nachdrücklich, dass die Vermeidung von Verwundung allein nicht ausreicht für ein humanes Leben. Dies gilt für jedes Neugeborene genauso wie für die gesamte Menschheit. Sie braucht um ihrer Humanität willen Menschen, die sich in der Liebe verletzlich machen. Erst die gewagte Hingabe macht das menschliche Leben human: Menschen, die sich unter Gefahr für den Frieden einsetzen, die Kinder gebären und versorgen, einen sexuellen Missbrauch zur Anzeige bringen, in der Wahrheitskommission schmerzliche Tatsachen zur Sprache bringen, einer Diktatur entgegentreten. All diese Praktiken sind ein Wagnis. Sie erhöhen die eigene Verwundbarkeit und laufen dem Bedürfnis entgegen, sich selbst zu schützen. Wie der Widerstand gegen Diktaturen zeigt, können sie sogar tödlich enden.

Aber trotz der reellen Gefahr erschließt solche Hingabe Leben. Sie kann eine eigene Macht entwickeln, die nicht aus Übermacht heraus entsteht, sondern aus dem Wagnis der Verletzlichkeit wächst. Besonders wirksam wird diese Macht, wenn sie ein Gemeinschaftswerk ist. »*Macht* entspricht der menschlichen Fähigkeit, nicht nur zu handeln oder etwas zu tun, sondern sich mit anderen zusammenzuschließen und im Einvernehmen mit ihnen zu handeln.« (Arendt 1994, 45) Ein besonderes Beispiel hierfür hat Deutschland im Jahr 2013 erlebt, als die Flutwellen an Elbe und Donau eine Welle der Hilfsbereitschaft auslösten. Hier haben Menschen das Gegenteil der Herodes-Strategie praktiziert, indem sie ihre Verwundbarkeit aufs Spiel setzten: die Einsatzkräfte, die mit Aufbietung aller Kräfte Menschen aus dem Hochwasser gerettet, Wohnungen ausgepumpt, Häuser und Dämme geschützt haben; die Spenderinnen und Spender, die freiwillig und offenherzig von ihren finanziellen Ressourcen abgaben und eine Kultur des Teilens praktizierten; die unzähligen Menschen von Jung bis Alt, die bis zum Umfallen Sandsäcke gefüllt, Deiche geschichtet, Einsätze über soziale Netzwerke koordiniert und Essen herbeigeschafft haben. Ihr uneigennütziger Einsatz war überwältigend. Es war ein weihnachtliches Ereignis.

Dieser überwältigende Einsatz zeigt etwas Wichtiges: Der um sich greifenden Zerstörung etwas entgegenzusetzen und sich damit in den Dienst des Lebens zu stellen, das setzt Lebendigkeit frei. Die Gabe, die um eines höheren Gutes willen gestiftet wird und so zum Sacrifice wird, schenkt Energie, Tatkraft und Lebenslust. Im Wagnis der Hingabe bringt Leben neues Leben hervor. Die Menschen, die von der Flutwelle so hart getroffen wurden, waren am Boden zerstört. Aber die Unterstützung von Menschen, die sie vielleicht gar nicht kannten und die plötzlich da waren und zupackten, hat ihnen neuen Lebensmut geschenkt. Auch die Helferinnen und Helfer erfuhren eine überraschende Lebendigkeit. Sie waren völlig erschöpft, aber glücklich, weil sie die Zerstörung in Grenzen verwiesen und ein einmaliges Werk geschaffen haben. Sie sind dem Prinzip der Natalität gefolgt und haben etwas Neues ins Spiel der Welt gebracht, das ohne sie nicht existiert hätte. Unverkennbar haben sie ein Zeichen der Hoffnung gesetzt.

Wo man den Weg der Verwundbarkeit wählt, da geht man das Risiko des Scheiterns ein. Man hat ein Ziel vor Augen und ahnt zugleich die Schwierigkeiten, mit denen der Weg gepflastert ist. Man kann an den Schwierigkeiten scheitern, verwundet werden oder gar ins Bodenlose stürzen. Wer berührbar und »aufgeschlossen« ist, wird zugleich angreifbar und verletzlich. Häufig wird hier nicht nur *etwas* gegeben, sondern es geht um Scheitern oder Gelingen des eigenen Lebens. Jedes Sacrifice in diesem Sinn ist eine gewagte Gabe, eine Hingabe seiner und ihrer selbst. Vielleicht gibt man gerade jene Ressourcen weg, die man später selbst braucht. Oder man setzt sich der öffentlichen Kritik aus, weil man umstrittene Entscheidungen trifft. Das hat der evangelische Pastor Uwe Holmer Anfang des Jahres 1990 erlebt, als seine Familie sich bereit erklärte, Margot und Erich Honecker bei sich zuhause aufzunehmen. Er handelte aus christlicher Motivation heraus, indem er die Vaterunser-Bitte realisieren wollte: »Vergib uns unsere Schuld, wie auch wir vergeben unseren Schuldigern.« Damit setzte er sich heftigen Angriffen in der Öffentlichkeit aus.

Aber nur wenn man sich dieser Gefahr der Verwundung stellt, kann die Hingabe Leben erschließen. Wenn man Verwundungen riskiert, weil man dem Leben dienen will; wenn man aus voller Überzeugung ein Sacrifice gibt, so wächst hieraus eine neue Macht. Diese Macht aus Verwundbarkeit ist gewagt. Sie ist eine »gewagte Macht«, denn sie entsteht nicht aus Sicherheiten heraus. Sie verfügt nicht wie die Göttin Athene über Schutzmechanis-

Das Gewaltpotential der Hingabe

Hingabe hat es immer mit Opfern zu tun. Das macht sie gefährlich. Nicht jede gewagte Hingabe dient dem Leben. Auch die Selbstmordattentäter des 11. September 2001 in New York, auch die Schwarzen Witwen in Tschetschenien, auch der Christ Anders Behring Breivik in Norwegen haben Hingabe gewagt. Ihre Hingabe war bösartig, weil sie unsägliche Opfer von Anderen erzwang und prekäre gesellschaftliche Verwerfungen bewirkte. Sie potenzierte die Gewalt in viele Richtungen. Sich in diesen gesellschaftlichen Kontexten für Humanität einzusetzen ist eine entscheidende Aufgabe des Christentums. Es hat seine eigene gewaltproduzierende Geschichte, ist damit aber umso mehr dem Frieden verpflichtet.

Hingabe spielt auch in anderen Religionen eine wichtige Rolle. Daher bietet sie einen Ansatzpunkt sowohl für den interreligiösen Dialog als auch für gesellschaftliche Debatten. Für welches Ziel ist man bereit, Hingabe zu wagen? Mit welchen Mitteln verfolgt man dieses Ziel? Sich hierüber intensiv auszutauschen, sich zu streiten und sich gegenseitig zu relativieren ist von großer Bedeutung für die Zukunft der Menschheit.

men, Verteidigungssysteme und Waffen. Kein Mensch kann diese Macht gezielt erzeugen. Sie ist, wo immer sie sich zeigt und wirksam wird, eine Gnade.

Diese beharrliche Lebensmacht sorgt dafür, dass Menschen mitten in der Verwundbarkeit belastbarer werden. Sie gehen gestärkt aus dem Wagnis hervor. Das haben die Menschen gezeigt, die sich vor 2000 Jahren um die Krippe Jesu versammelten. Sie wurden nicht schwächer, indem sie ihre Ressourcen miteinander teilten und ihre eigene Verwundbarkeit riskierten. Sie gewannen als weihnachtliche Menschen eine neue Stärke. Auch heute ist diese gewagte Macht vielerorts am Werk. Sie kann sogar so stark werden, dass sie Diktaturen zu stürzen vermag. Das haben der Herbst 1989 gezeigt und neuerlich jene Menschen, die im »Arabischen Frühling« uneigennützig ihr Leben riskieren.

Nicht immer tritt diese Macht ins Rampenlicht der Öffentlichkeit und macht von sich reden. Menschen kümmern sich vielfältig und meist unauffällig um die Welt, in der sie leben. Beharrlich setzen sie auf den Neuanfang und vertrauen der Kraft der Natalität. Die biblische Weihnachtsgeschichte weckt Aufmerksamkeit gerade auch für diese unscheinbaren Orte, an denen gewagte Hingabe wirksam ist. Der christliche Glaube, der auf der Inkarnation Gottes in einem neugeborenen Kind gründet, setzt auf diese Lebensmacht, die aus dem Wagnis der Verletzlichkeit wächst. Sie glaubt an das Geheimnis von Geburt und Auferstehung, dass das gottgeschenkte Leben stärker ist als der Tod. Alle Menschen *müssen* mit den eigenen Brüchen und Verwundungen leben – sowohl mit denen, die sie zu Victims machen, als auch mit jenen, die sie freiwillig als Sacrifices geben. Sie *können* es aber auch, weil hier die Macht aus Verwundbarkeit wächst. Das christliche Wahr-Zeichen hierfür ist das neugeborene Kind in der Krippe.

Heute Weihnachten feiern – hingebungsvoll leben

Martin Luther King (1929–1968), Pastor, Friedensaktivist und Kämpfer für die Gleichberechtigung der Schwarzen, hat kurz vor seinem Tod im Rückblick auf sein Leben gesagt: »Ich werde kein Geld hinterlassen. Ich werde keine vornehmen und luxuriösen Dinge hinterlassen. Ich möchte nur ein hingebungsvolles Leben hinterlassen.« (King 2008, 119) Sich in den Dienst des Lebens stellen, Hingabe wagen und selbst hingebungsvoll leben, das gehört zum Kern der christlichen Glaubenspraxis. Leben heißt, sich verschwenden. Ohne Zeit und Energie, materielle Güter und persönlichen Einsatz kann es nicht ausbrechen. Wenn man Intensität erstrebt, verausgabt man alle Kräfte, damit das Leben in Fülle aufbraust und in aller Intimität präsent ist.[37]

Wer sich strikt vor Verwundungen schützt, braucht immer mehr Mauern, Rüstungen und Waffen. Dies macht vielleicht *unangreifbar*. Es macht aber auch *unberührbar*. Das Leben spielt sich draußen ab, wo man selbst nicht ist. Wer jedoch Hingabe wagt, kann das Geheimnis des Lebens erfahren. Statt Starrheit gewinnt man Beweglichkeit, statt Vereinzelung geschieht Kommunikation, statt Isolation ereignet sich Intimität. Wenn man Mauern durchbricht und Fenster und Türen öffnet, wie es das Zweite Vatikanische Konzil tat, bekommt man mit, was sich draußen ereignet. Neue Wege öffnen sich und verlocken zum Aufbruch. Man kann Besuch empfangen und Neues erfahren. Man kann hinausgehen und Überraschendes erleben. Man kann sich selbst einbringen ins Spiel der Welt. Man steht mitten im Leben.

Das Wunder des Anfangs offenbart sich hier als Wunder der Wandlung. Menschen legen ihre Rüstungen ab und öffnen ihr Visier. Im Alltag agieren sie stark mit Abgrenzungen zwischen Ich und Du, Mein und Dein. Aus guten Gründen schützt man die Ressourcen, die man für sich selbst und die eigene Gemeinschaft braucht. Das Weihnachtsfest aber zeigt, dass dies nicht alles ist, was das Leben ausmacht. Es führt ein alternatives Handeln vor Augen, das sich vom Fest ausgehend in den Alltag einschreiben will. Diese Alternative berührt die Humanität menschlicher Existenz. Es geht um ein Leben leidenschaftlicher Hingabe überall dort, wo sich der Einsatz lohnt. Hierfür steht Weihnachten, das große Fest der Geburt.

So wundert es nicht, dass Weihnachten heute in religiösen wie in säkularen Kulturen eine große Faszination ausübt. Seine humane Botschaft kann man auch verstehen und wertschätzen, wenn man selbst nicht zum Christentum gehört. Wenn man nicht christlich ist, kann man Weihnachten sogar feiern. Denn hier geht es um ein christliches Fest, das über sich selbst hinausweist und die Grenzen der Religionsgemeinschaft überschreitet, indem es auf die Humanität menschlichen Lebens hinweist. Mit Weihnachten wird das Christentum kulturprägend. Und umgekehrt: Das Weihnachtsfest wird zu einem Weltkulturerbe der Menschheit. Symbolisch wird dies deutlich am bekanntesten Weihnachtslied »Stille Nacht«, das mittlerweile in mehr als 300 Sprachen übersetzt ist und gesungen wird. Es gehört zum immateriellen UNESCO-Kulturerbe.

Die Botschaft von Weihnachten kann unmittelbar verstanden werden von Menschen, zu deren Leben die Hingabe ganz selbstverständlich gehört. Indem sie dieses

Fest feiern, werden sie in ihrer Bereitschaft gestärkt, eine Kultur des Teilens zu praktizieren. Die anrührende Schönheit und Verletzlichkeit des Neugeborenen, um das man sich an der Krippe versammelt, öffnet Herzen und Hände. Einen besonderen Bezug haben diejenigen, die selbst Kinder zur Welt bringen oder zu deren Wachsen und Gedeihen beitragen. Kinder ziehen in die Intimität des Lebens hinein. Sie erwecken Zuwendung und Liebe. Mit dem neugeborenen Kind in der Krippe birgt das Weichnachtsfest das Geheimnis der Liebe, das tief im Verborgenen keimt, erstarkt und heranwächst. Mit diesem Kind schafft Gott eine Verbindung zu allen Neugeborenen dieser Welt. In seiner Geburt sind alle Geburten repräsentiert und auf das Leben hingewendet.

Weihnachten ist das christliche Fest der Natalität. Es will die Gebürtigkeit im eigenen Leben und in der eigenen Gemeinschaft wirksam werden lassen, hier und jetzt. Das Leben aus der Kraft der Liebe erfordert es, sich selbst aufs Spiel zu setzen und sich für das Geliebte zu verschwenden. Leben wächst, wenn man zu geben bereit ist. Die Geschenke, die wir einander an Weihnachten machen, sind ein Zeichen hierfür.[38] Denn Leben will eines: leben. Es reicht den Menschen nicht aus, gerade so zu überleben, sondern es geht um ein Leben in Fülle, das intensiv, leidenschaftlich und mit allen Sinnen zu spüren ist – wach bis in die Fingerspitzen. Menschen sehnen sich danach, in dieser Weise intensiv zu leben, mit Leib und Seele, Gefühl und Willen, Herz und Verstand.

Das Christentum begreift das Weihnachtsfest als »Heilige Nacht«. Es meint damit jenen geheimnisvollen Augenblick, wo alle Menschen an der Krippe nicht nur anwesend, sondern wirklich präsent sind, wach und lebendig in jeder Faser des Körpers und mit jeder Regung des Geistes. Dieses Ereignis schafft eine innige Verbundenheit mit allem Lebendigen. Die Liebe zu Gott, zu sich selbst, zu den Nächsten und zur Schöpfung ist nicht nur abstrakt, sondern sie ereignet sich.[39] Mechthild von Magdeburg beschreibt diesen mystischen Augenblick poetisch: »Ich bin in dir und du bist in mir. Wir können einander nicht näher sein, denn wir zwei sind in eins geflossen und sind in eine Form gegossen. So werden wir bleiben ewig, unverdrossen.« (Mechthild von Magdeburg 2003, 169; FLG III,5)

Die Bibel sagt, dass sich dieser geheimnisvolle Augenblick ereignet, als Maria und Josef, die Sterndeuter, Hirtinnen und Hirten das Kind anschauen und vor ihm niederknien. Es ist eine Verneigung vor der Natalität des Lebens, die das Christentum in der Gottesgeburt verankert sieht. Dass Weihnachten jedes Jahr gefeiert wird, verleiht dieser Kraft des Augenblicks in der Gegenwart Präsenz. Wenn sich Menschen heute um die Krippe versammeln und im Blick auf das Kind die Natalität des Lebens feiern, dann ereignet sich Weihnachten. Gott wird Mensch. Und die Menschen werden Mensch, wo sie im Zeichen von Liebe, Respekt und Wertschätzung gegenüber den Anderen Hingabe wagen. Mitten in der Bedrohtheit des Lebens, wie sie die Flucht nach Ägypten eindrücklich vor Augen führt, stellt sich eine Geborgenheit ein, die allein die Liebe zu schenken vermag. Das Weihnachtsfest lädt dazu ein, die leise Stimme der Liebe zu erhören, die mit jeder Geburt dem Leben das Wort redet.

Anmerkungen

1 Wenn man heute beispielsweise in einem Zug unterwegs ist und die Nachbarin plötzlich heftige Wehen bekommt, dann kann man nicht einfach wegschauen und sich wie geplant mit anderen Dingen beschäftigen. Man ist unmittelbar und ganz persönlich herausgefordert.

2 In unserer heutigen Gesellschaft bekommen neben den Eltern vor allem die freiberuflichen Hebammen das Riskante einer Geburt zu spüren. Seit 2011 müssen sie eine so hohe Berufshaftpflichtversicherung zahlen, dass einige ihren Beruf aufgeben mussten.

3 Herodes war auch im Judentum seiner Zeit umstritten, denn seine Legitimität wurde angezweifelt und seine Grausamkeit kritisiert. In Bezug auf das Matthäus-Evangelium gibt der Historiker Ernst Baltrusch zu bedenken: »Denn die kollektive jüdische Erinnerung bildete Herodes als die Inkarnation des Bösen schlechthin ab, er war ein Herrscher, dem alles zuzutrauen war, und kein Jude der Zeit hätte wohl gefragt, ob denn das, was Matthäus berichtete, überhaupt ›wahr‹ sei. [...] Wenn es wirklich Matthäus war, der diese Legende erfunden hat, dann hat er sie gut erfunden.« (Baltrusch 2012, 180 / 350)

4 Während einer Vision von der Krippe fällt der mittelalterlichen Mystikerin auf, dass Josef fehlt. Auf ihre Frage, wo er sei, antwortet Maria: »Er ist in die Stadt gegangen und kauft uns billige Fische und einfaches Brot.« (Mechthild von Magdeburg 2003, 369; FLG V,23)

5 Vgl. hierzu Keul 2003 und Keul 2004, hier besonders: Die Antwort Marias – das Wort der Schöpfung im Mund einer Frau, 384–388.

6 Der Koran nennt das Ja-Wort Marias nicht. Die Sure 19/21 erzählt zwar von Maria und dem Besuch des Gottesboten, aber dieser informiert nur: »Es ist eine beschlossene Sache.«

7 Bereits 1923 hat der Soziologe, Ethnologe und Religionswissenschaftler Marcel Mauss mit »Essai sur le don« eine Debatte zur sozialen Funktion der Gabe angestoßen, in der das Verhältnis von Victim und Sacrifice und seine gefährlichen Wechselwirkungen zentral sind (vgl. Mauss 2009).

8 Vgl. hierzu Valentin 2009, wo das Thema Inkarnation interreligiös thematisiert wird. Dass die Geburt in der Frage, wie Gott in die Welt kommt, eine zentrale Rolle spielt, kommt hier jedoch auch in den Beiträgen zum Christentum leider nicht zur Sprache. Die christologische Bedeutung der Natalität ist ein vergessenes Thema.

9 »Machtvolle Heroen und herrliche Kaiser waren es, die in der hellenistischen Welt deifiziert wurden.« (Placher 1998, 244).

10 Zit. nach Le Goff 2006, 81.

11 Der »Andersort« als Gegenplatzierung zur Utopie wird in der Theologie derzeit lebhaft diskutiert (vgl. Bauer 2003; Sander 2005). Zur Genealogie des Begriffs bei Michel Foucault vgl. Keul 2010.

12 Im Deutschen ist die allgemeine Bedeutung von Migration als »Ortswechsel« derzeit fast ganz verloren. Im Englischen ist sie noch deutlicher, weil man z. B. auch beim Vogelzug von »bird migration« spricht.

13 Vgl. hierzu Keul 2011 und 2012.

14 So lautet ein Kunstwerk, das zunächst zu einer temporären Installation gehörte, dann aber im Magdeburger Roncalli-Haus, einem katholischen Bildungshaus, bleibend installiert wurde.

15 Günter Thomas beschreibt die Inkarnation als »das Eingehen in das faktische Leben, das dem großen Risiko geschöpflichen Lebens schon immer erlegen ist. Damit setzt sich der Sohn den Mächten der naturalen, sozialen und kulturellen Destruktion aus.« (Thomas 2007, 169 f)

16 Thomas Schumacher spricht vom »weihnachtsfreien Anfang des Markus-Evangeliums« (Schumacher 2012, 37)

17 Sarah Coakley nennt es »power in vulnerability«, bezieht diesen Begriff jedoch nicht auf gesellschaftliche Herausforderungen wie die Migration (vgl. Coakley 2007).

18 Es ist sogar wahrscheinlich, dass das öffentliche Auftreten im Widerspruch geschieht, denn Autorität, die etwas zu sagen hat, entwickelt sich häufig im Widerspruch zur Amtsgewalt (potestas), bei der dies nicht der Fall ist, weil sie Gegenpositionen unterdrückt und damit Autorität kleinzuhalten versucht.

19 Monika Fander versteht diese Heilungsgeschichte »als eine Art Auferweckungsgeschichte« (Fander 1989, 59), weil sie mit der Erzählung von der Auferweckung der Jairustochter zu einem Erzählstück verwoben ist.

20 Dass Jesus ein Jude war und seine Religionsgemeinschaft nicht verlassen hat, das ist seit der sogenannten »third quest«, der 3. Suchbewegung in der Jesus-Forschung, unumstritten (vgl. Stegemann 2010, 88 f; 153–180; sowie Strotmann 2012). Wenn Jesus Kritik übt an Hohenpriestern, Schriftgelehrten und anderen jüdischen Amtsträgern, dann geschieht dies nicht in Abgrenzung zum Judentum, sondern als innerjüdische Kritik.

21 Der Exeget Hans-Josef Klauck zeigt in seinem Judas-Buch, welche Konflikte hinter einer solchen Entscheidung stehen können (vgl. Klauck 1997).

22 Die Einschätzungen in der Forschung sind extrem unterschiedlich und widersprüchlich, das zeigt die prägnante Darstellung von Wolfgang Stegemann (vgl. Stegemann 2010, 353–382).

23 Thomas Schumacher betitelt die Weihnachtsgeschichten als »Christus-Bekenntnis nach vorne gespiegelt« (Schumacher 2012, 89).

24 Die Dialogzeitschrift »Kirche und Israel« (Neukirchener Verlag) widmet sich speziell den gegenwärtigen Diskursen zwischen jüdischer und christlicher Theologie. Sie bietet einen guten Einblick in die international geführten Kontroversen, von denen noch manche innovative Entdeckung zu erwarten ist. Mittlerweile wird nicht nur Jesus, sondern auch Paulus stärker innerhalb seiner jüdischen Tradition verstanden, beispielsweise von dem italienischen Philosophen Giorgio Agamben in seinem Buch »Die Zeit, die bleibt« (vgl. Agamben 2006).

25 Der Fokus liegt also nicht auf der Gottesbeziehung, sondern auf der humanen Signifikanz des Weihnachtsfestes. Dies geschieht im Duktus des Zweiten Vatikanischen Konzils, das die göttliche Berufung aller Menschen an der Menschwerdung und damit an Fragen der Humanität festmacht. Die Pastoralkonstitution sagt: »Es geht um die Rettung der menschlichen Person, es geht um den rechten Aufbau der menschlichen Gesellschaft. Der Mensch also, der eine und ganze Mensch, mit Leib und Seele, Herz und Gewissen, Vernunft und Willen steht im Mittelpunkt unserer Ausführungen.« (GS 3)

26 Ina Praetorius weist auf die Herkunft des Wortes »naiv« hin, das meist abwertend verwendet wird: »Der Begriff leitet sich vom lateinischen Adjektiv *nativus* ab, das ›zur Geburt gehörig, geburtlich, mit der Geburt beginnend‹ bedeutet.« (Praetorius 2011, 88) – Das produktive Spannungsfeld von Thanatologie und Natalogie beschreibt Ludger Lütkehaus in der Einleitung

zu seiner »Philosophie der Geburt« näher (Lütkehaus 2006, 9–15).

27 In der Kirche stehen hierfür insbesondere die Sakramente: die Taufe am Beginn des Lebens als Bestärkung der Natalität, die Eucharistie als alltägliche Friedenspraxis, die Firmung für ein geistreiches Leben, die Beichte mit Schuldbekenntnis und Versöhnung, die Krankensalbung zur Stärkung heilsamer Lebenskräfte, die Priesterweihe als Dienstamt an der Gemeinschaft, die Ehe als Sakrament der Liebe, jener größten Kraft, den Anfang neu zu wagen.

28 Vgl. Foucault 1977: Recht über den Tod und Macht zum Leben, 159–190.

29 Zur Vulnerabilität als Schlüsselbegriff im Migrationsdiskurs vgl. Afifi/Jäger 2010 mit dem sprechenden Titel: »Environment, Forced Migration and Social Vulnerability« (Umwelt, erzwungene Migration und soziale Verwundbarkeit).

30 Michael Braun spricht hier vom »inszenierten Notstand von Lampedusa«, weil nur ein geringer Teil der irregulären Einwanderungen über den Seeweg erfolgt, die Politik aber Interesse an drastischen Bildern habe (Braun in: Gottschlich/Orde 2012, 52–65). In der Tat muss man damit rechnen, dass Wunden und Verwundbarkeiten in politischen Strategien und für ökonomische Ziele eingespannt und missbraucht werden. Das haben auch die Debatten gezeigt, die in den USA nach dem Amoklauf von Newtown um eine Verschärfung der Waffengesetze geführt wurden.

31 »Die Veränderungen, die sie [die Bewegung vom Land in die Stadt] für das Familienleben mit sich bringen wird, von großen, von der Landwirtschaft lebenden Familienverbänden zu kleinen städtischen Kernfamilien, wird dem anhaltenden Bevölkerungswachstum, einem wichtigen Thema in der Menschheitsgeschichte, ein Ende bereiten.« (Saunders 2011, 7)

32 Die Einschätzungen Frontex gegenüber gehen weit auseinander (vgl. die unter wissenschaftlicher Flagge geführten Debatten in Möllers/van Ooyen 2009 mit der harschen Kritik von Gottschlich/Orde 2011). Hier wäre es weiterführend, stärker auf den Zusammenhang von Selbstschutz und Verwundung Anderer einzugehen. Selbstverständlich muss sich eine Staatengemeinschaft schützen. Dabei muss sie aber die Opfer der Anderen offen benennen, um zu einer Entscheidung darüber zu kommen, wie weit man dabei gehen will und kann.

33 Vgl. den Beitrag des Juristen Timo Tohidipur über den »Rechts-
rahmen für die ›Kerngeschäftsbereiche‹ von Frontex« (in: Möllers / van Ooyen 2009, 41–61).

34 Selbst die Waffenindustrie verwendet heute das Wort »Waffen«
nicht mehr gern in der medialen Öffentlichkeit, sondern ersetzt
es gegebenenfalls durch »wehrtechnisches Gerät«. Das hört sich
doch gleich viel weniger tödlich an.

35 »In der Folge wurde durch die Einsätze Hera I und II nahezu die
gesamte Flüchtlingsroute entlang Westafrika geschlossen und so
die ehemals jährlich an die 32.000 Personen umfassende Anzahl
von Migranten minimiert.« (Tohidipur in: Möllers / van Ooyen
2009, 50) Dass die Konflikte mittlerweile in die Landstriche *vor*
den europäischen Grenzen verschoben werden, so dass Flüchtlinge es gar nicht mehr bis zur Grenze schaffen, ist nur scheinbar
eine Lösung des Problems.

36 Auch die Utopie der Unverwundbarkeit ist vielerorts zu finden,
z. B. in der Werbung für sehr teure und hochtechnisierte Autos.
Das Vorgaukeln absoluter Sicherheit wird scheinbar durch tech-
nische Perfektion erreicht. Letztlich aber ist die Unverwundbarkeit eine Utopie, mit der die Autoindustrie Gewinn machen will
– und macht, denn es wäre doch zu schön, wenn das eigene Auto
automatisch vor einem spielenden Kind bremst, ohne dass jemand zu Schaden kommt.

37 Der Religionsphilosoph Georges Bataille (1897–1962) definiert
Religion allgemein als »die Suche nach der verlorenen Intimität«
des Lebens (Bataille 1997, 50). Dass Menschen in Abgrenzung
und nach ökonomischen Gesichtspunkten leben, macht die Welt
des Profanen aus (Alltag). Dass sie Intimität erstreben und deswegen dem Prinzip der Verschwendung folgen, konstituiert die
Welt des Heiligen (Fest). Beides zusammen erzeugt ein Spannungsfeld, in dem sich Menschen alltäglich und in besonderen
Herausforderungen zu bewähren haben.

38 Auch bei Weihnachtsgeschenken stellt sich die Doppelfrage: Wo
muss ich mich vor zu großem Stress und damit vor Überforde-
rung bewahren? Und wo eröffnet die Geschenkkultur Leben?
Wenn man die eigenen Aktivitäten zur Festvorbereitung richtig
in diesem Spannungsfeld verortet, kann Weihnachten kommen.

39 Die Prozesstheologin Catherine Keller geht diesem Geheimnis
nach, indem sie nach Gott in den Prozessen der Welt fragt (Keller 2008).

Bibliografie

Afifi, Tamer; Jäger, Jill (Hg.) 2010: Environment, Forced Migration and Social Vulnerability. Berlin / Heidelberg: Springer

Agamben, Giorgio 2006: Die Zeit, die bleibt. Ein Kommentar zum Römerbrief. Frankfurt a. M.: Suhrkamp (Edition Suhrkamp 2453)

Arendt, Hannah 1981: Vita activa, oder Vom tätigen Leben. München: Serie Piper 217, 199.

Arendt, Hannah 1994: Macht und Gewalt. München / Zürich: Piper

Baltrusch, Ernst 2012: Herodes. König im Heiligen Land. C. H. Beck: München

Bataille, Georges 1997: Theorie der Religion. München: Matthes & Seitz

Bauer, Christian 2003: Kritik der Pastoraltheologie. Nicht-Orte und Anders-Räume nach Michel de Certeau und Michel Foucault. In: Bauer, Christian; Hölzl, Michael (Hg.): Gottes und des Menschen Tod? Die Theologie vor der Herausforderung Michel Foucaults. Grünewald: Mainz, 181–216

Becker-Huberti, Manfred 2005: Die Heiligen Drei Könige. Geschichte, Legenden und Bräuche. Köln: Greven

Coakley, Sarah 2007: Macht und Unterwerfung. Spiritualität von Frauen zwischen Hingabe und Unterdrückung. Gütersloh (Orig.: Powers and Submissions. Spirituality, Philosophy and Gender. Blackwell: Oxford 2002)

Esser, Annette; Günter, Andrea; Scheepers, Rajah (Hg.) 2008: Kinder haben – Kind sein – Geboren sein. Philosophische und theologische Beiträge zu Kindheit und Geburt. Königstein/Taunus: Ulrike Helmer

Falk, Ilse; Möller, Kerstin; Raiser, Brunhilde; Wollrad, Eske (Hg.) 2012: So ist mein Leib. Alter, Krankheit und Behinderung – feministisch-theologische Anstöße. Gütersloh: Gütersloher Verlagshaus

Fander, Monika 1989: Die Stellung der Frau im Markusevangelium. Unter besonderer Berücksichtigung kultur- und religionsgeschichtlicher Hintergründe. Altenberge: Telos Verlag (= MThA 8)

Foucault, Michel 1977: Der Wille zum Wissen. Sexualität und Wahrheit 1. Frankfurt a. M.: Suhrkamp

141

Gregor-Dellin, Martin 1982: Joseph – das eigentliche Wunder. In: Jens, Walter (Hg): Frieden. Die Weihnachtsgeschichte in unserer Zeit. 2. Aufl. Stuttgart: Kreuz

Gruber, Judith; Rettenbacher, Sigrid (Hg.) 2013: Theology as a Sign of the Times. Steps towards a Theology of Migration. Amsterdam: Rodopi

Gottschlich, Jürgen; Orde, Sabine am (Hg.) 2011: Europa macht dicht. Wer zahlt den Preis für unseren Wohlstand? Frankfurt a. M.: Westend

Holmer, Uwe 2012: Der Mann, bei dem Honecker wohnte. Scm Hänssler 7. Aufl.

Irigaray, Luce (Hg.) 1997: Gegrüßt seid ihr, Marien. In: Dies. (Hg.): Der Atem von Frauen. Luce Irigaray präsentiert weibliche Credos. Rüsselsheim: Göttert, 105–111

Jens, Walter (Hg.) 1982: Frieden. Die Weihnachtsgeschichte in unserer Zeit. Stuttgart: Kreuz

Ders. (Hg.) 2007: Es begibt sich aber zu der Zeit. Texte zur Weihnachtsgeschichte. 4. Aufl. Frankfurt a. M.: Fischer

Keller, Catherine 2008: On the Mystery. Discerning Divinity in Process. Minneapolis: Fortress Press

Keul, Hildegund 2003: Zum Wort befreit. Maria, belesene Frauen und das Schöpfungswort fiat. In: Katalog des Diözesanmuseums München-Freising zur Ausstellung »Madonna. Das Bild der Muttergottes«, 97–101

Dies. 2004: Verschwiegene Gottesrede. Die Mystik der Begine Mechthild von Magdeburg. Innsbruck: Tyrolia (ITS 69)

Dies. 2007: Mechthild von Magdeburg. Poetin, Begine, Mystikerin. Freiburg: Herder

Dies. 2010: Das Reich Gottes und die heterotope Macht der Klöster. Ein Perspektivenwechsel mit Michel Foucault. In: Anders-Orte. Suche und Sehnsucht nach dem (Ganz-)Anderen. Hg. von Ilona Biendarra. St. Ottilien: EOS-Verlag, 53–78

Dies. 2011: Das Wagnis der Verletzlichkeit. Außenansicht. In: Süddeutsche Zeitung, 24.12. 2011, 2

Dies. 2012: Inkarnation – Gottes Wagnis der Verwundbarkeit. In: ThQ Jg. 192, Heft 3 (2012), 216–232

King, Martin Luther 2008: Ich habe einen Traum. Hg. von Hans-Eckehard Bahr und Heinrich W. Grosse. Düsseldorf: Patmos, 3. Aufl.

Klauck, Hans-Josef 1997: Judas, ein Jünger des Herrn. Freiburg i. Br.: Herder

Klinger, Elmar 1997: Begegnungen im Advent. Die Geburt eines neuen Menschen. Würzburg: Echter

Le Goff, Jacques 2006: Franz von Assisi. Stuttgart: Klett-Cotta

Lütkehaus, Ludger 2006: Natalität. Philosophie der Geburt. Kusterdingen: Graue Edition

Mauss, Marcel 1990: Die Gabe. Form und Funktion des Austauschs in archaischen Gesellschaften. Frankfurt: Suhrkamp

Mechthild von Magdeburg 2003: Das fließende Licht der Gottheit. Mittelhochdeutscher und neuhochdeutscher Text. Übersetzt und hg. von Gisela Vollmann-Profe. Frankfurt a. M.: Deutscher Klassiker Verlag

Möllers, Martin H. W.; van Ooyen, Robert Christian (Hg.) 2009: Migration. Europäische Grenzpolitik und Frontex. Frankfurt a. M.: Verlag für Polizeiwissenschaft

Nouwen, Henri J. M. 2010: The Wounded Healer. London: Darton, Longman and Todd Ltd

Placher, William C. 1998: Die Verwundbarkeit Gottes. In: Welker, Michael; Willis, David (Hg.): Zur Zukunft der Reformierten Theologie. Aufgaben – Themen – Traditionen. Neukirchen: Neukirchener Verlag, 239–253

Praetorius, Ina 2011: Immer wieder Anfang. Texte zum geburtlichen Denken. Ostfildern: Grünewald 2011

Sander, Hans-Joachim 2001: nicht verleugnen. Die befremdende Ohnmacht Jesu. Würzburg: Echter (GlaubensWorte 1)

Sander, Hans-Joachim 2005: Theologischer Kommentar zur Pastoralkonstitution über die Kirche in der Welt von heute *Gaudium et spes*. In: Herders Theologischer Kommentar zum Zweiten Vatikanischen Konzil, hg. v. P. Hünermann und B.J. Hilberath, Bd. 4. Freiburg: Herder 2005, 581–886

Sandler, Willibald 2002: Christentum als große Erzählung. Anstöße für eine narrative Theologie. In: Peter Tschuggnall (Hg.): Religion – Literatur – Künste. Ein Dialog (Im Kontext 14). Salzburg: Müller-Speiser, 523–538

Saunders, Doug 2011: Arrival City. Übers. von Werner Roller. München: Karl Blessing (Orig.: Arrival City. The Final Migration and Our Next World. London: Windmill 2010)

Schumacher, Thomas 2012: Geschichte der Weihnachtsgeschichte. Ein historischer und theologischer Schlüssel. München. Pneuma

Stegemann, Wolfgang 2010: Jesus und seine Zeit. (Biblische Enzyklopädie 10) Stuttgart: Kohlhammer

Strotmann, Angelika 2012: Der historische Jesus. Eine Einführung –
Schöningh: UTB
Thomas, Günter 2007: Das Kreuz Jesu Christi als Risiko der In-
karnation. In: Ders.; Andreas Schüle (Hg.): Gegenwart des le-
bendigen Christus (FS Michael Welker). Leipzig: Evangelische
Verlagsanstalt, 151–179
Valentin, Joachim (Hg.) 2009: Wie kommt Gott in die Welt? Fremde
Blicke auf den Leib Christi. Verlag der Weltreligionen, Insel

Autorin

Prof. Dr. Hildegund Keul leitet die Arbeitsstelle für Frauen-
seelsorge der Deutschen Bischofskonferenz und ist außer-
planmäßige Professorin für Fundamentaltheologie und
vergleichende Religionswissenschaft an der Julius-Maxi-
milians-Universität Würzburg.

144